Barriga, glúteos, piernas
intensivo

Nina Winkler

HISPANO
EUROPEA

AUTORA

Nina Winkler trabaja como escritora y experta de fitness en Munich. Realizó numerosos cursos de formación y de perfeccionamiento en materias como el aeróbic, barriga-piernas-glúteos, entrenamiento Core, Tae Bo y diferentes formas del yoga. Desde hace muchos años, lleva dirigiendo los cursos de entrenamiento en grupo de conocidos gimnasios de fitness, además de desarrollar programas de trabajo y de formación para entrenadores. Durante dos años fue redactora de la revista Shape en los ámbitos de fitness, salud y viajes. Además escribe regularmente para muchas otras revistas sobre su tema específico: el fitness. En 2003 desarrolló el programa «Emotional Moves» y creó, además, el guión de la serie televisiva Telegym. La editorial Gräfe und Unzer publicó su libro Das große GU Laufbuch («El gran libro del correr») que elaboró con la participación del Dr. Tomas Buchhorn.

Prólogo

Es verano, con 30 grados a la sombra, el tiempo ideal para darse un baño y, además, es fin de semana. Estoy pendiente de saber si mi curso en la sala de fitness se podrá hacer o no. Siguiendo el programa toca entrenar barriga, piernas y glúteos. Entonces surge la sorpresa: asisten cerca de 30 participantes, la sala se llena por completo. Me siento sorprendida ante tanta disciplina. Y, además, ninguna de las participantes está de mal humor, todo son charlas y risas y ganas de hacer un trabajo intenso. No preguntan, estas mujeres saben perfectamente lo que quieren y la compensación que obtienen por sus esfuerzos. En primer lugar: unas piernas esbeltas, glúteos firmes y barriga lisa. En segundo lugar: buen humor, satisfacción y armonía. Y en tercer lugar: una apariencia sensacional y mucha autoestima. Porque lo cierto es que la mayor fuente de complicaciones desaparece con la práctica física de forma automática.

Con una actitud positiva, también puede alcanzar sus metas, no importa cuáles sean: bajar dos tallas de pantalón, alisar la barriga o luchar contra la celulitis. No tendrá en absoluto que torturase para lograrlo. Todo lo contrario. mímese y modifique su cuerpo aliándose con él. Resulta mucho más fácil entrenar con una amiga que con un enemigo. Después del primer entrenamiento se irá dando cuenta de cómo disminuirán las dudas sobre sí misma y como mejorará su figura. Con el fin de que esta buena sensación pase de un hecho aislado a ser permanente, he desarrollado este programa intensivo para barriga, piernas y glúteos. No importa se grado de entrenamiento, aquí encontrará el ejercicio adecuado para cada nivel. Movimientos suaves para principiantes, variantes algo más difíciles para avanzados y exigencias específicas para los expertos. Ya verá como la cuestión mental, el diablillo que le causa la mala conciencia, disminuirá con cada entrenamiento, hasta llegar a desaparecer por completo, de igual manera que sus zonas problemáticas.

Nina Winkler

Aspectos básicos:
Aproxímese a sus compañeras

Por fin delgada, fuerte y sexy: ¡Alégrese de

conseguir su figura deseada! Este objetivo lo

conseguirá con el entrenamiento efectivo

de abdomen, piernas y glúteos. No obstante, debe

tener algunos conocimientos específicos:

lo que revela su fisonomía, la ubicación de sus

zonas problemáticas, el equipamiento necesario

para entrenar y la alimentación equilibrada para

apoyar el programa.

La mejor forma para barriga, piernas y glúteos

Existen muchos programas de ejercicios para conseguir una barriga lisa, piernas fuertes y glúteos firmes, pero no todas funcionan, en absoluto. Porque para entrenar las zonas problemáticas se requiere un trabajo bien fundamentado. Luego no sólo se han de diseñar unas sesiones variadas sino que el programa debe adaptarse, además, al nivel de entrenamiento personal.

El presente libro le servirá de manual. Sabrá cómo incrementar y mejorar paulatinamente el efecto del entrenamiento en cada nivel, además de aprender los fundamentos para entrenar barriga, piernas y glúteos. Una combinación inteligente entre ejercicios de fuerza y de resistencia le ayudará incluso a dominar las zonas problemáticas más reacias. Podrá enmarcar sus entrenamientos con máxima libertad: con el presente programa podrá combinar las actividades en sala igual que los deportes al aire libre.

No resulta difícil formar y moldear el cuerpo, siempre que se sepa cómo hacerlo. No hace falta practicar deporte durante dos terceras partes del día, aunque resulta obvio que se requiere cierta dedicación. El secreto está en mantener una proporción entre la inversión de tiempo y el entrenamiento al máximo. La distribución de los ejercicios le proporcionará el máximo éxito con un esfuerzo relativamente bajo. Pero debe tener claro que para conseguir estos cambios ha de tener paciencia. Los cambios corporales requieren tiempo. Los pequeños depósitos en las caderas no se formaron de un día para el otro, sino que han crecido durante mucho tiempo. Costará su tiempo eliminarlos. Pero si sigue las indicaciones de los entrenamientos obtendrá pronto buenos resultados.

Establecerse metas, pero correctamente

Lo esencial para el buen efecto del entrenamiento es una buena planificación. Si quiere cambiar su figura con éxito debe establecerse metas asequibles. Un calendario demasiado ambicioso no sirve de nada. Será mejor avanzar con cautela. Realice primero un análisis actual para saber dónde está situada, cuál es su nivel físico y cuál es la forma de entrenamiento más óptima para usted. De acuerdo con su rutina diaria y su disponibilidad, podrá decidir cómo y cuándo entrenar y determinar el nivel correcto de entrenamiento.

También es importante definir exactamente su meta. Por ejemplo: «Voy a reducir mi perímetro abdominal en cuatro centímetros antes del día X», o «Hasta el día X bajaré mi talla de 46 a 42». En cambio, debe evitar afirmaciones genéricas como «Quiero bajar algunos kilitos». No sólo resultan poco precisas sino que, además, tampoco se corresponden con sus deseos específicos sobre su figura. La pérdida de unos kilos tampoco significa demasiado. Pues el cuerpo suele perder mucha agua al principio de un régimen. Es un error considerar la reducción de peso como un éxito inmediato de la dieta, para sentirse después decepcionada cuando los kilitos sólo vayan bajando lentamente.

Camino hacia una figura ideal

Mírese en el espejo. Concéntrese en los sitios donde se acumulan los depósitos que quiere eliminar y el tiempo en que pretende establecer para alcanzar su nueva figura. Una buena referencia de ello es la talla del pantalón.

Una mirada sincera en el espejo le indicará la ubicación de los depósitos de grasa con exactitud.

Globalmente podemos afirmar que una meta realista consiste en bajar de una a dos tallas en un tiempo de cuatro a seis semanas. Observe también la proporcionalidad: ¿Se ajusta el perímetro de su tronco al de su cintura? En este ámbito se pueden equilibrar bastantes aspectos. Un ejemplo: Martina B. tiene la talla 44 para los pantalones y la 40 en su parte superior. Realiza footing una o dos veces y acude unas tres veces a un curso para barriga, piernas y glúteos al mes. Se alimenta de una manera bastante sana pero le gusta el chocolate. Si Martina B. desea entonces «bajar tres kilos», pasando hambre y entrenando sin plan alguno, apenas reducirá sus zonas problemáticas. Incluso es posible que el desajuste entre sus tallas vaya aumentando. Por un lado es importante, para ella, reducir el porcentaje de grasa corporal con una alimentación correcta. Por el otro, necesita un programa de actividad física equilibrada, en el que se pondere igualmente el entrenamiento de la resistencia como el ejercicio específico dirigido a sus zonas problemáticas, que también debe implicar la parte del tronco. Resultaría óptimo en su caso el plan de entrenamiento para equilibrar las proporciones corporales de las páginas 108-109.

¡Busque una motivación!

Antes de comenzar, pues, con un programa de ejercicios, debe tener claros los siguientes puntos: ¿Dónde estoy situada? ¿Qué figura tengo? ¿Cuáles son mis zonas problemáticas, en qué consisten y qué debo hacer para cambiarlas?

Así facilitará la determinación clara de sus objetivos. A continuación, debe fraccionar el camino para conseguirlo en partes asumibles. La costumbre de fijarse metas intermedias no sólo le mantendrá decidida sino que también ayuda a no perder de vista el objetivo final. Una gran motivación supone establecer recompensas por alcanzar las metas parciales. Pero mire de no quebrantar sus esfuerzos con esta práctica. Una copa de helado no sería una buena recompensa. Son más indicados los premios que den alas a sus intenciones y le acerquen a la figura corporal deseada, por ejemplo, un nuevo vestuario deportivo. También motivan y se agradecen una visita a la peluquería o un fin de semana dedicado a tratamientos de belleza. Estos pequeños trucos y sutilezas sirven justamente para asegurarle el éxito.

Los cambios convienen

Lo importante será, que oriente su vida hacia su nuevo objetivo. Iniciando un nuevo programa de entrenamiento sin considerar la alimentación, obtendrá relativamente poco, a pesar del gran esfuerzo que supone. Al principio le resultará difícil, pero debe organizarse de la manera más sencilla posible. Un cambio que afecte a todos los ámbitos de su vida no sólo resultará más motivador sino que le conducirá antes a su meta.

Una vez que se haya interesado por su figura ya no querrá prescindir de la vigorosa atención a su cuerpo. No sentirá el cambio como una carga sino como un alivio. Pero para ello ha de establecerse metas realistas y saber exactamente lo que quiere. El siguiente cuestionario puede ayudarle a evaluarse.

¿Qué estructura corporal tiene?

Una vez hallado su nivel actual con el test, mírese de nuevo en el espejo y sea sincera. Observe su figura y compárela con los ejemplos de figura de las páginas 18-19. ¿Qué forma de distribución de las grasas se ajusta más a su situación? Una vez que lo tenga claro y después de leer las descripciones correspondientes podrá descubrir alguna característica adicional ya conocida, y tendrá más a su alcance la clave de un correcto entrenamiento. Es cierto que no todas las mujeres pueden clasificarse con precisión en un modelo corporal concreto. Seleccione entonces las características más acertadas para determi-

¿QUÉ FORMA DE ENTRENAMIENTO LE GUSTA?

Este cuestionario no trata de descubrir las zonas problemáticas o acumulaciones de grasa. El cuerpo entero configura un sistema complejo cuyas diferentes áreas se relacionan entre sí. Una espalda poco entrenada, por ejemplo, puede provocar que el barriga se avance y tenga un aspecto redondeado, siendo su volumen completamente normal. El entrenamiento mal hecho puede reforzar zonas problemáticas en lugar de reducirlas. Debe conocer la situación actual de su cuerpo y de su nivel de entrenamiento con la ayuda de las siguientes preguntas.

1. Obsérvese en el espejo. ¿Cómo describe la distribución de su grasa corporal?
a. Los depósitos se acumulan en barriga, piernas y glúteos de forma equilibrada.
   (1 punto)
b. Las zonas de barriga y glúteos son las más problemáticas. (2 puntos)
c. Los mayores depósitos se forman en la parte externa de las piernas. (3 puntos)

2. La ropa de la parte superior de su cuerpo es de una talla que, en comparación con la talla de ropa de piernas, resulta ser:
a. La misma, siendo la talla de sus pantalones la 42, como máximo (altura normal).
   (3 puntos)
b. Diferente, el top es una o dos tallas inferior, sin llegar a superar la talla 42. (2 puntos)
c. Mayor que la talla 42. (1 punto)

3. Colóquese de perfil ante el espejo. ¿Cuál de las siguientes afirmaciones se ajusta mejor a su postura?
a. Cabeza y hombros parecen estar inclinados hacia delante, la parte superior de la
   espalda es redonda y la columna vertebral se arquea. (1 punto)
b. Cabeza y hombros están ligeramente inclinados hacia delante. (3 puntos)
c. La columna vertebral está marcadamente arqueada. (2 puntos)

4. ¿Tiene celulitis?
a. Sólo se ven pequeñas depresiones o bien ninguna. (3 puntos)
b. Los hundimientos se observan en muslos y glúteos. (2 puntos)
c. La piel de naranja o la apariencia granulosa de la piel se ve claramente. (1 punto)

5. ¿Suele hacer dietas?
a. Generalmente no. Como lo que me gusta y sólo miro de no ingerir calorías
   en exceso. (3 puntos)
b. Presto atención al control de calorías. Cuando me siento con exceso de peso, hago
   una dieta. (2 puntos)
c. Hago cada año una dieta, como mínimo. (1 punto)

6. ¿Se alimenta de forma sana?

a. Mi plan alimenticio se compone, principalmente, de fruta y verduras, y además controlo la cantidad de calorías. (3 puntos)

b. Procuro tomar fruta y verduras pero, en general, controlo poco la cantidad de calorías. (2 puntos)

c. En cuanto a mi alimentación no dispongo de mucho tiempo. La fruta y verdura que consumo suele estar tratada. (1 punto)

7. Sobre el tema dulces, comida rápida y picar. ¿Con qué frecuencia toma chuches?

a. A menudo y sin control. (1 punto)

b. Pocas veces. (3 puntos)

c. Entre comidas suelo comer algo, pero controlo la cantidad. (2 puntos)

8. ¿Qué costumbres tiene acerca del beber?

a. Cada día bebo un mínimo de dos litros de agua. (3 puntos)

b. En el fondo, no presto atención a lo que bebo. (1 punto)

c. Al menos para comer suelo beber uno o dos vasos de agua. (2 puntos)

9. Si tiene sed, prefiere tomar...

a. Agua, zumo de fruta con agua mineral o té sin azúcar. (3 puntos)

b. Zumos de fruta sin mezclar. (2 puntos)

c. Limonada, cola o bebidas azucaradas. (1 punto)

10. ¿Cómo se desplaza los días de cada día?

a. A menudo a bicicleta o a pie. (3 puntos)

b. Normalmente, en transporte público o en coche. (1 punto)

c. Al menos las distancias cortas, las suelo hacer a pie. (2 puntos)

11. ¿Practica deporte?

a. Sí, de una a dos veces por semana. (2 puntos)

b. Tres o más veces por semana. (3 puntos)

c. Apenas practico deporte. (1 punto)

12. Practica deporte con el fin de...

a. Ejercitar barriga, piernas y glúteos. (2 puntos)

b. Disfrutar. (3 puntos)

c. Adelgazar. (1 punto)

13. Observe su programa de entrenamiento. ¿Qué lugar ocupa el entrenamiento de la resistencia?

a. Prefiero los ejercicios de fuerza (pesas y máquinas). (1 punto)

b. Practico la resistencia de vez en cuanto. (2 puntos)

c. La resistencia es un elemento constante de mi plan de entrenamiento. (3 puntos)

14. ¿Lleva mucho tiempo entrenando sus zonas problemáticas?

a. No, acabo de comenzar a hacerlo. (1 punto)

b. Sí, llevo entrenándolas desde hace tres meses, como mínimo. (2 puntos)

c. Ya hace más de un año que el entrenamiento de barriga, piernas y glúteos forma parte de mi programa. (3 puntos)

15. Intente realizar el ejercicio de balanceo equilibrado (pág. 54). ¿Consigue efectuar el ejercicio, tal como se describe en el nivel 3?

a. Sí, sin problema alguno. (3 puntos)

b. No, no consigo ni empezarlo. (1 punto)

c. Sé adoptar la posición pero no puedo mantener mi cuerpo en tensión. (2 puntos)

16. Pruebe de realizar el ejercicio para los aductores de la pierna (pág. 76) de acuerdo con el nivel 2. ¿Cómo le sale?

a. Consigo realizar justo el número de repeticiones que se pide, pero ninguna más. (2 puntos)

b. Ningún problema, incluso puedo realizar más repeticiones. (3 puntos)

17. Pruebe de realizar el ejercicio de elevación de la cadera (pág. 90) correspondiente al nivel 1. ¿Cómo valora su rendimiento?

a. Muy bueno, puedo realizar el ejercicio sin problemas y no me supone mucho esfuerzo. (3 puntos)

b. Me cuesta realizar el ejercicio por mis glúteos. Considero el ejercicio medianamente cansado. (2 puntos)

c. Casi no logro realizar el ejercicio y me parece que mi postura no es muy correcta. (1 punto)

EVALUACIÓN

HASTA 25 PUNTOS: NIVEL 1

Se supone que el trabajo regular de barriga, piernas y glúteos no formaba parte de su programa de entrenamiento hasta el momento. Para acostumbrar al cuerpo lentamente a un trabajo regular, debería empezar en su entrenamiento muscular (a partir de pág. 48) con ejercicios del nivel 1. ¡Debe ejecutar los movimientos con precisión! De esta manera obtendrá una mayor eficacia de los ejercicios.
Un entrenamiento moderado de la resistencia (a partir de pág. 24) le ayudará, además, a estimular el metabolismo de las grasas para quemar la grasa corporal sobrante. Aparte de esto, es importante que estudie sus hábitos alimenticios (pág. 21) y modificarlos si cabe.

ENTRE 26 Y 42 PUNTOS: NIVEL 2

La actividad física ya forma parte de su vida. Con el fin de dotar con mayor eficacia su entrenamiento de las zonas problemáticas debería probar los ejercicios musculares (a partir de la pág. 48) del nivel 2. Fomentará sus progresos en los entrenamientos y le ayudará a reducir hasta los depósitos de grasa más resistentes. Es importante combinar sus movimientos con un plan de entrenamiento para quemar grasas (a partir de pág. 27) y que desaparezca la grasa por un largo período. Sus hábitos alimenticios (pág. 21) también se han de repasar; seguro que cabe alguna mejora para no impedir la quema de grasas. Observe sus progresos en los entrenamientos para cambiar a tiempo al nivel 3.

A PARTIR DE 43 PUNTOS: NIVEL 3

Usted debe ser una deportista experimentada que sólo quiere controlar las últimas zonas problemáticas más persistentes. Si esto es así debería realizar los ejercicios musculares (a partir de pág. 48) en el nivel 3 con el fin de romper con la rutina de su entrenamiento y ofrecer a su cuerpo nuevos estímulos. Un entrenamiento de intervalos intensivo (a partir de pág. 29) deshará, en poco tiempo, los últimos depósitos de grasa, siempre que su alimentación (pág. 21) también se haya puesto al día. Las situaciones de estancamiento del entrenamiento también pueden superarse fácilmente con el nivel 3.

nar de esta manera su arquetipo. Resulta imprescindible conocer la ubicación de sus zonas problemáticas para adaptar individualmente un entrenamiento para barriga, piernas y glúteos.

Índice de masa corporal (IMC) y análisis de la grasa

Más información sobre el porcentaje de su grasa corporal le aportará el índice de masa corporal (IMC) y el análisis de grasa corporal. El IMC resulta fácil de calcular con la fórmula del recuadro de esta página.

Si el valor calculado está por debajo de 18, estamos ante un caso claro de falta de peso y se ha de consultar un médico. Un valor situado entre 18 y 19 indica una falta ligera de peso y el peso ideal corresponde a valores entre 19 y 21. Pero también las mujeres con un peso ideal o ligeramente por debajo pueden tener zonas problemáticas, a veces claramente visibles por el bajo índice de grasa corporal. Con el entrenamiento sistemático de barriga, piernas y glúteos se consigue eliminarlas. Valores entre 22 y 25 indican un peso normal, es decir que no existe ningún riesgo para la salud. Frente a estos valores del IMC se podrán identificar fácilmente las zonas problemáticas. Usted tiene exceso de peso si su índice de masa corporal se sitúa por encima de 25 y el exceso de peso es considerable al superar el valor de 30. Entonces es indispensable tomar medidas para bajar la grasa corporal: mediante el entrenamiento regular de la resistencia (a partir de pág. 24), el entrenamiento

CÁLCULO DEL ÍNDICE DE MASA CORPORAL (IMC)

$$IMC = \frac{\text{Peso corporal en Kg}}{(\text{Altura en metros})^2}$$

Ejemplo:
Una mujer de 1,75 metros de altura con un peso de 70 Kg tiene un IMC de 70/(1,75 x 1,75)= 22,86

muscular sistemático (a partir de pág. 32) y una alimentación equilibrada (pág. 21). La reducción de la grasa corporal le ayudará a entrenar las zonas problemáticas con mayor eficacia y a descargar las articulaciones. Además, la musculatura entrenada se podrá ver más claramente sin la interferencia de la capa de grasa y la figura tendrá un aspecto más deportivo y armónico.

Hay básculas específicas para hallar la relación entre grasa y musculatura. Para ello se conecta el cuerpo a una corriente baja que mide la resistencia de las células. Después se puede determinar el porcentaje de grasa porque el agua de las células no conduce la corriente de la misma manera que la grasa. Entre 22 y 25 por ciento de grasa corporal es un valor óptimo para mujeres de 30 a 45 años; pero puede ir aumentando con la edad.

Los kilos sobre la báscula indican poco sobre el índice de grasa corporal.

El equipo correcto

Tanto como la frecuencia, la intensidad con la que queremos entrenar, la actividad física o nuestro nivel inicial, el requisito fundamental para cualquier entrenamiento efectivo y saludable será un buen equipamiento.

Calzado deportivo

Antes de iniciar el entrenamiento de la resistencia (a partir de pág. 24) reflexione primero si va a entrenar al aire libre o en el interior para seleccionar

LA ESTRUCTURA CORPORAL.
UNA CUESTIÓN DE PREDISPOSICIÓN

La predisposición a tener sobrepeso está genéticamente programada y es importante saber qué características establece la naturaleza para valorar las posibilidades de entrenamiento de forma realista. Usted probablemente no coincidirá con sólo uno de los siguientes tres perfiles. Las personas suelen ser una mezcla de los tres perfiles con predominio de uno de ellos.

EL PERFIL DELGADO, ECTOMORFO

Las mujeres con tendencia ectomorfa suelen ser bastante delegadas. A menudo se distinguen claramente los huesos de la zona de la clavícula y de las articulaciones, los dedos son finos y delicados. Las mujeres ectomorfas rellenan con dificultad sus formas, sobre todo los glúteos y la cintura. En no pocos casos desarrollan cartucheras a pesar de su perfil delegado. Los tipos ectomorfos suelen tener un bajo índice de grasa por su buen funcionamiento metabólico. Su masa muscular aumenta poco y tienden a adoptar malas posturas por la falta de sujeción muscular. Es por esto que deben potenciar la musculatura del tronco con el fin de corregir defectos en su postura y de equilibrar las proporciones, además de tensar las zonas problemáticas.

EL PERFIL ATLÉTICO, MESOFORFO

Las características de un perfil atlético es una estatura más bien fuerte con la musculatura bien desarrollada y un metabolismo activo. Las curvas acentuadas pueden aumentar todavía más si las zonas problemáticas se entrenan con demasiada intensidad; por tanto se recomienda para las mujeres atléticas un entrenamiento variado que se compone de resistencia moderada según nivel, trabajo de fuerza y, primordial, stretching abundante. Gracias a su mayor amplitud de espaldas, estas mujeres tienen la ventaja de que su cuerpo está casi siempre bien proporcionado, incluso con algún kilito de más en barriga y caderas. No obstante, el índice de grasa corporal suele ser normal ya que el deporte y el movimiento casi siempre forman parte de las necesidades básicas del tipo atlético.

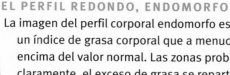

EL PERFIL REDONDO, ENDOMORFO

La imagen del perfil corporal endomorfo es redondeado y plácido con un índice de grasa corporal que a menudo está claramente por encima del valor normal. Las zonas problemáticas suelen verse claramente, el exceso de grasa se reparte entre barriga, piernas y glúteos, a menudo acompañado de una amplia celulitis. A causa del metabolismo que es menos activo que en los otros dos perfiles resulta imprescindible el entrenamiento regular de la resistencia para estimular el metabolismo de las grasas (a partir de pág. 24). Las mujeres endomorfas deben además entrenar las zonas problemáticas con ejercicios concretos y moldear el tronco. Muy pronto se verán los éxitos en este tipo corporal, una vez que el metabolismo esté activado. Las personas endomorfas están obligadas a mantener el entrenamiento para poder conservar los resultados.

el calzado correcto según cada deporte. ¡Las viejas bambas no sirven en absoluto para una sesión de footing en el parque! No se debe ahorrar en este capítulo y es indispensable adquirir unas buenas zapatillas para correr, sabiendo que las articulaciones reciben una carga del doble o triple del peso corporal. El calzado específico para fitness y aeróbic también ofrece un sostén óptimo: una caña alta evita torceduras laterales, la amortiguación en la zona delantera de pie protege articulaciones y columna vertebral. Lo mejor que puede hacer es asesorarse en la tienda de deporte a la hora de comprar las zapatillas.

Ropa deportiva

Por un lado, la ropa que prefiere llevar para practicar deporte, una vieja camiseta de algodón o el *outfit* de última moda, dependerá de su gusto. Pero, por otro lado, el uso de ropa funcional reúne, además de aumentar la motivación, varias ventajas importantes: el sudor es alejado de la piel y siempre se sentirá seca.

Igualmente importante es un buen sujetador de deporte. El tejido de los pechos es sensible, y sobre todo ante las cargas de fuerte impacto propias, más que nada, de los deportes de resistencia puede sufrir pequeñas fisuras. Esto re-

El pulsómetro controla si usted está entrenando dentro de los límites que se ha impuesto.

sulta doloroso y deja estrías antiestéticas sobre la piel. Por tanto debe procurar envolver firmemente sus senos cuando practica deporte, por cierto los senos pequeños se dañan igual que los grandes.

Pulsómetro

Su *coach* de muñeca, el medidor de su frecuencia cardíaca, le podrá indicar si su entrenamiento está bien enfocado. Combinado con una cinta pectoral, que se lleva por debajo de los senos, siempre podrá observar correctamente su nivel de entrenamiento. Los modelos técnicamente más sofisticados incluso le indicarán el desgaste calórico y el tiempo de entrenamiento, cosa que no siempre es necesario pero que proporciona mucha motivación. Lo más importante: el pulsómetro mide su frecuencia cardíaca actual y le indica exactamente si se mueve dentro de sus límites de carga establecidos o si se esfuerza en exceso o muy poco. Es evidente que también puede medir sus pulsaciones con el dedo índice a nivel de la arteria carótida; pero con ello tiene la desventaja de tener que interrumpir su entrenamiento. Y esto distorsiona el valor obtenido. En cambio, con un aparato que mide la frecuencia cardíaca sabrá siempre con exactitud por dónde se está moviendo. Hay modelos económicos.

Alimentación sana

«Eres lo que comes»: Esta frase está más que justificada. El éxito de su entrenamiento de barriga, piernas y glúteos dependerá también de sus costumbres alimenticias. ¡Debe comer de forma sana e integral! Esto significa en la práctica que debe dar preferencia a los alimentos basados en trigo integral frente a productos de harina blanca. La fruta fresca y las hortalizas deberían aparecer varias veces al día en su dieta. Procure reducir el consumo de azúcar y de alimentos con monosacáridos, es decir, los que tienen un gusto realmente dulce, de los que debe comer muy pocas veces. El porcentaje de grasas también se debería mantener lo más bajo posible. En lugar de aceites animales, utilice mejor las grasas poliinsaturadas como el aceite de oliva, y tenga cuidado con las grasas ocultas que se encuentran en abundancia en los embutidos, quesos y productos de pastelería, por ejemplo. ¡Un croissant contiene 20 gramos de grasa!

También resulta relevante el momento de la toma de alimentos. Debería desayunar entre las 7 y 10 horas y almorzar entre las 12 y 14 horas. Más tarde de las 18 horas no se recomienda tomar comidas pesadas. Debe comer regularmente tres veces al día. Si tiene hambre entre medio, puede tomar por la mañana o por la tarde un tentempié de frutas u hortalizas. Dentro de lo posible, no debe suprimir ninguna de las comidas para no desquilibrar su nivel de azúcar en la sangre, ya que igualmente comería más en las otras comidas.

Agua, el elixir de la vida

En términos generales, y especialmente en la práctica deportiva, procure beber siempre lo suficiente. No sólo equilibrará la pérdida de líquidos de la transpiración sino que también ayudará a eliminar las fibras y toxinas llevadas desde los tejidos al circuito cardiovascular, a causa de la actividad. La óptima bebida deportiva es el agua mineral sin gas o una mezcla de agua y zumos de frutas con un tercio de zumo o menos. El cuerpo necesita entre dos y tres litros de agua al día para ser bien abastecido, mejor que esté bien repartido a lo largo del día. Para saber si su cuerpo tiene suficientes líquidos puede observar el color de la orina: si su color es muy claro, tiene un buen equilibrio de líquidos.

Su fitness se apoya sobre
dos pilares

Para trabajar barriga, piernas y glúteos necesita
dos herramientas específicas que ha de aplicar de
forma combinada: un buen programa de
entrenamiento de la resistencia y un programa
inteligente de entrenamiento de la musculatura.
Entrene individualmente trabajando por módulos
y conviértase en su propio entrenador. Aquí
encontrará los ingredientes correctos para la
práctica ajustada a su persona.

Entrenamiento inteligente de la resistencia

Para poder moldear y alisar barriga, piernas y glúteos debe liberar, primero, estas zonas de grasas. Esto requiere un entrenamiento regular de la resistencia, que no resultará tan cansado como pueda pensar, siempre que lo planifique bien.

El entrenamiento de la resistencia se divide en tres niveles igual que el programa de ejercicios. El primer nivel es el entrenamiento de los fundamentos para ejercitar su metabolismo de grasas y donde su cuerpo aprende a usar más rápidamente que de costumbre los depósitos de grasa como fuente energética. En el segundo nivel se incrementa el desgaste calórico. El tercer nivel proporciona cortos y rápidos «asesinos» de calorías para poder equilibrar pronto los pequeños pecados alimenticios. Los tres niveles son consecutivos.

Por esta razón es muy importante escoger correctamente el nivel de entrenamiento. Mujeres con un IMC de 25 o superior deberían empezar con el programa de entrenamiento del nivel 1. Si su IMC es inferior, el nivel de entrenamiento dependerá de su nivel individual de rendimiento. Si ya está más o menos entrenada, llevando más de tres meses haciendo footing y siendo capaz de correr durante una hora a ritmo de trote, podrá comenzar con el nivel 2. Las mujeres que corren varias veces por semana durante una hora o más y que son capaces de correr a un ritmo más acelerado podrán empezar en el nivel 3. Si tiene dudas entre un nivel y otro será mejor decidirse por el nivel inferior. De esta manera garantizará que haya bases reales y que no haya peligro de sobreesfuerzo. Ésta es la norma básica: Sólo puede realizar el programa de resistencia si se encuentra totalmente sana y, en caso de duda, consulte a su médico.

Calentar y estirar

A la hora de iniciar el entrenamiento de la resistencia debe empezar de forma suave y aumentar paulatinamente. Emplee los primeros cinco a diez minutos del entrenamiento para un calentamiento a fondo para elevar sus pulsaciones hasta el valor necesario (a partir de la pág. 44). Nuevos descubrimientos científicos indican que no es imprescindible estirar los músculos necesarios antes del entrenamiento. Pero si quiere, puede hacerlo igualmente. Tampoco está claro si han de hacerse estiramientos al final de la sesión; según los conocimientos actuales de la ciencia no está

claro si el stretching favorece la recuperación de la musculatura. No obstante, resulta importante que la musculatura vuelva a un estado relajado y garantice la movilidad articular en toda la amplitud después de haber estado en tensión, o sea con las fibras musculares intercaladas. Los tendones y ligamentos también se han de tener en cuenta. Todo ello se puede conseguir con el stretching porque estira el músculo entrenado y vuelve las fibras a su posición inicial. Los tendones y ligamentos están obligados, a la vez, a ofrecer a la articulación todo su radio de acción. Con ello también se mejora la figura. Encontrará los ejercicios de estiramiento en los programas para el fortalecimiento muscular en las páginas 66-67, 86-87 y 104-105.

El mito de las óptimas pulsaciones para quemar grasas

Cuando se habla de adelgazar sigue apareciendo el consejo común de «prolongado y lentamente». Las sesiones largas de entrenamiento con frecuencias cardíacas constantemente bajas han de eliminar los depósitos de grasa, pero con esto solo no basta. La misma poca efectividad tiene un entrenamiento de la fuerza mal concebido. Con el fin de acosar a los michelines, debe prepararse un ingenioso plan que contemple ambas formas. Limitarse a trotar suavemente por el bosque activa el metabolismo de las grasas pero sólo se gasta una cantidad total de energía relativamente baja. No obstante, no debería prescindir en absoluto del suave entrenamiento cardiovascular (véase más adelante).

Este tipo de entrenamiento es justamente el responsable del buen funcionamiento diario de la quema de grasas que hace que el cuerpo utilice pronto el tejido adiposo de la cadera en lugar de pedir hidratos de carbono a través de la sensación de hambre.

El cuerpo puede obtener energía principalmente por tres diferentes vías: de los hidratos de carbono, grasas y proteínas. Las proteínas constituyen, a su vez, los componentes de todas las células del cuerpo y es por ello que el cuerpo sólo

utiliza estos portadores de energía en caso de esfuerzos extremos, como por ejemplo en una maratón. Lo más usual es utilizar los hidratos de carbono. El cuerpo puede disponer de ellos con bastante rapidez y aportan su energía de la forma menos complicada. Pero los hidratos de carbono se acaban muy pronto. Entonces es cuando el cuerpo dependerá de las grasas como fuente energética. Se trata de un depósito de energía casi inagotable, que el cuerpo hace servir en trabajos prolongados. Cuanto mejor sea el nivel de entrenamiento, con más facilidad podrá disponer el cuerpo de las reservas de grasas. Esto tiene como consecuencia que una persona entrenada puede soportar las cargas de resistencia durante un tiempo mayor.

En cambio, la consecución de energía a partir de las grasas corporales se encuentra, en gran parte, dormida cuando se trata de un cuerpo no entrenado. Usted puede cambiar este hecho con el entrenamiento del nivel 1. En el segundo paso podrá aumentar realmente el metabolismo de las grasas. En cuanto al gasto de calorías, el porcentaje de grasas frente al de los hidratos de carbono resulta más bajo, pero en cuanto a cantidades absolutas de calorías y grasas quemadas, éstas son más elevadas que en el entrenamiento lento. El verdadero logro se obtiene en el nivel 3 con intervalos cortos. Estas cargas extremas, llamadas puntas, son pequeños y efectivos

CARDIO-ENTRENAMIENTO

Éste es otro nombre para el entrenamiento de la resistencia, ya que mejora la actividad cardíaca (griego *kardía* = corazón). A través de un entrenamiento regular se mejora la capacidad del corazón, de manera que ha de latir menos veces para transportar la misma cantidad de sangre por el cuerpo. La actividad cardíaca resultará más económica, el flujo de la sangre es mejor y los pulmones pueden captar más oxígeno.

asesinos de calorías. Además, de esta manera se obtiene un índice metabólico claramente más alto, incluso después del entrenamiento. Es decir que una vez acabado el entrenamiento, estirado sobre el sofá, seguirá quemando calorías.

Sinopsis de las frecuencias cardíacas

Para poder conocer la frecuencia cardíaca (pulsaciones) con la que ha de trabajar en cada momento debe utilizar la tabla de esta página. Busque en la tabla primero su edad. Entonces escoja el nivel de entrenamiento; cada uno es de un color diferente. Dibuje una línea vertical desde su edad hasta llegar al nivel deseado. Desde el punto más alto de la zona debe dibujar una línea horizontal hacia la izquierda, donde encontrará el límite

superior de su frecuencia cardíaca. Marcando otra línea hacia la izquierda, desde el punto más bajo, llegará al límite inferior. Ya tiene marcada su zona de frecuencias cardíacas. Durante los entrenamientos puede controlarlas mediante un pulsómetro (pág. 20) que no se salga de los límites de su zona.

Activación de la combustión de grasas

En el nivel 1 del entrenamiento de la resistencia está activando el metabolismo de las grasas de su cuerpo. Hasta el momento había conseguido principalmente la energía de sus depósitos de hidratos de carbono. Pronto podrá restar las calorías de las reservas inagotables de sus depósitos de grasa. ¿Quiere saber un poco sobre la teoría? Veamos: Un ki-

> Para cada nivel de entrenamiento puede establecer sus límites de carga en función de su edad.

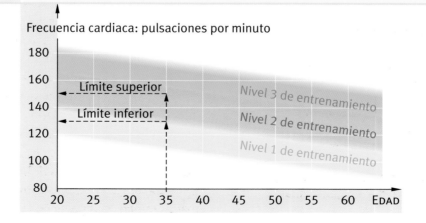

Frecuencia cardiaca: pulsaciones por minuto

logramo de grasa contiene 9.000 kilocalorías que vamos a denominar, a partir de ahora, calorías a secas. Para quemar un kilogramo de tejido adiposo hemos de gastar activamente 7.000 calorías. El resto se pierde en los procesos de transformación. Esto corresponde, en la teoría, a unas 10-15 horas de footing. El tema es algo más complejo en la práctica. Porque, en primer lugar, debe convencer a su cuerpo de que ya no se ha de quedar con los depósitos en barriga, piernas y glúteos para estar preparado para la siguiente hambruna. Para ello tendrá que decidirse por una actividad física o deportiva que permita entrenamientos prolongados, lentos y constan-

tes, por ejemplo, correr, ir en bicicleta o nadar. Manténgase en su zona de pulsaciones número 1, con regularidad, entre cuatro y seis veces por semana, si puede ser. Una sesión de entrenamiento debe durar 30 minutos, al principio, y llegar hasta 45-60 minutos después de seis a ocho semanas. Si su IMC se sitúa en 25 o más arriba, registrará en poco tiempo una considerable pérdida de peso. El cuerpo no sólo se deshace de las cantidades de líquido incrustado dentro de los tejidos, sino que también se acostumbra a disponer más pronto de las reservas de grasas.

La degradación de las grasas se refuerza óptimamente con una alimenta-

¿CUÁL DE LOS DEPORTES ES EL CORRECTO?

¿Correr, nadar, jugar a tenis o a squash? En la siguiente tabla encontrará los deportes indicados para cada nivel de resistencia y la cantidad de calorías que una mujer de 70 kilos de peso quema durante 30 minutos.

Deporte	Indicado para nivel	Desgaste de calorías en 30 min.	Deporte	Indicado para nivel	Desgaste de calorías en 30 min.
Aeróbic	1-3	220	**Remo**	1-3	300
Golf	1	100	**Natación**	1-3	330
Footing, 1 km en 7 min.	1-2	285	**Skating**	1-3	245
Footing, 1 km en 5 min.	2-3	430	**Spinning**	1-3	280
Escalada	2-3	200	**Squash**	2-3	445
Marcha nórdica	1-3	330	**Step-Aeróbic**	1-3	250
Ciclismo, a 10-15 km/h	1-2	210	**Tae Bo**	2-3	350
Ciclismo, a 20-25 km/h	2-3	350	**Caminar**	1-2	295
Hípica, galope	2-3	285			

ción con pocas grasas controlando el número de calorías, suficientes horas de sueño, un modo de vida sano y un buen aporte de agua. Realice este programa hasta llegar a un IMC inferior a 25. Si su índice de masa corporal (IMC) ya se encuentra por debajo de 25, debería entrenar durante tres meses siguiendo este principio, antes de iniciarse en el nivel 2. De esta manera está creando una base sólida para el siguiente paso en lo que a quema de grasas se refiere.

Estimular la combustión de calorías

Entretanto, su cuerpo sabe que debe disponer de las reservas de grasas, incluso si se trata de sesiones cortas de trabajo. Es importante que sea así, ya que sólo puede quemar más calorías si el metabolismo de las grasas funciona correctamente. El entrenamiento muscular es de gran ayuda porque construye un tejido muscular activo en la quema de grasas, a partir de la inerte grasa corporal.

El entrenamiento de la resistencia del nivel 2 proporciona una combustión de calorías aún mejor. Mediante intervalos suaves y conscientemente intercalados cada vez estará aumentando más su desgaste calórico. Le resultará fácil llevarlo a la práctica. Debe hallar en la tabla de pulsaciones de la página 27 sus valores inferiores y superiores de los niveles uno y dos. Escoja una actividad física apropiada para los niveles uno y dos de la tabla de la izquierda. Entonces debe proceder de la siguiente manera: Haga un calentamiento como siempre y entrene durante 10 minutos en la zona del nivel 1. Luego durante 5 minutos en la zona del nivel 2. Después vuelva al nivel 1. Debe efectuar el primer día un total de tres secuencias en el nivel 2, el resto se realiza en el nivel 1, como siempre. Durante las próximas dos semanas de entrenamiento ha de aumentar las secuencias de nivel 2 hasta un total de cinco por cada sesión de entrenamiento. Mantenga estos intervalos de cinco minutos durante dos semanas y, durante las siguientes dos semanas, los aumenta hasta diez minutos de duración. No se olvide del entrenamiento del nivel 1 en toda esta fase. Debe seguir realizando entre un tercio y la mitad de la sesión de entrenamiento en dicho nivel. Por ejemplo, de cuatro entrenamientos por semana puede efectuar dos con intervalos y otros dos sin ellos. Una vez alcanzado un volumen de entrenamiento con tres a cuatro intervalos de diez minutos, debe mantener esta distribución durante unas seis semanas, antes de comenzar con el programa de nivel 3. Una sesión de entrenamiento del nivel 2 ha de durar entre 40 y 60 minutos.

Potenciación con sistema

En el nivel 1 ha conseguido, principalmente, una forma física general en

En el nivel 3 de entrenamiento trabaja durante 20 segundos a máxima intensidad.

cuanto al metabolismo graso. Con el nivel 2 ha estimulado el desgaste calórico. El nivel 3 es la culminación del entrenamiento de la resistencia: sesiones cortas de resistencia y altamente intensas deshacen hasta los depósitos grasos más resistentes, sometiendo al cuerpo a un nuevo reto para generar energía. Pequeños intervalos de trabajo muscular requieren la intervención inmediata de la energía procedente de los almacenes musculares de hidratos de carbono y esto aumenta el metabolismo durante varias horas. Esto significa que incluso después del entrenamiento se quema mucha más energía que después de un entrenamiento menos intenso.

He aquí la forma de hacerlo: Mire los límites del entrenamiento del nivel 3 de la página 27. Escoja de su plan semanal una sesión de entrenamiento del nivel 2. Substitúyala por una sesión del nivel 3. La ventaja es que sólo dura 20 minutos.

La mala noticia es que acabará quedándose sin aliento. Caliente como siempre de cinco a diez minutos. Entonces entrene como siempre, durante 5 minutos. Ahora empecemos: ¡vaya a tope durante 20 segundos! ¡Corra, nade o pedalee a máxima intensidad! Esto lo debe hacer sólo una vez, en la primera sesión para seguir después suavemente en el nivel 1. El siguiente trabajo muscular puede tener lugar una semana más tarde y debería esperar 48 horas para la siguiente sesión del nivel 1. Incremente las repeticiones de intervalos de 20 segundos hasta poder realizar tres o cuatro de estos intervalos por cada 20 minutos. Esta carga extrema que no es habitual, hace que el cuerpo se encuentre totalmente agotado después de sólo 20 minutos y necesitará mucho tiempo para recuperarse. Tanto las células musculares como los depósitos de energía requieren para ello dos días enteros a pesar de encontrarse más o menos en forma después de 24 horas. No debe realizar el entrenamiento cardiovascular del nivel 3 con demasiada frecuencia para no sobrecargar el cuerpo. Es suficiente hacerlo de una a dos veces por semana y durante dos o tres semanas. Después debería excluir los intervalos intensos durante dos o tres semanas, para efectuar más cardio-sesiones en el nivel 2. Nunca debe prescindir del nivel 1, ya que es la base para una combustión duradera de las grasas.

ESTO ES LO QUE OFRECEN LOS BUENOS ESTUDIOS DE FITNESS

La conocida experta en fitness Maria Ljungqvist (de 41 años) desarrolla nuevos programas de fitness para el ELIXIA Health & Wellness Group y se encarga de mantener el elevado nivel de calidad de los 52 clubes de Fitness y Wellness de Alemania y el resto de Europa. La filosofía del ELIXIA Way hace que esta empresa propague un concepto integral del fitness.

¿Cómo puede complementar un estudio de fitness el entrenamiento que se realiza en casa?

Cuando se haya decidido a entrenar, el estudio le ofrecerá asesoramiento y apoyo de nivel profesional a la vez que le proporcionará un plan de entrenamiento adecuado. Especialmente al principio, muchas mujeres se topan con el problema de que tienen que superar la pereza que les da ejercitarse. Con un programa de entrenamientos en casa complementado por un curso en grupo, natación o sauna en un club de fitness se alcanzan las metas propuestas y se gana en calidad de vida.

¿Qué pueden ofrecer los clubes de fitness a las mujeres de más de 40 años?

En los buenos estudios de fitness se proponen planes de entrenamiento personalizados y también se tienen en cuenta los problemas de salud, cuentan con asesoramiento médico deportivo y disponen de muchos cursos para personas de más de 40 años: más suaves, con menos esfuerzo y que tienen en cuenta las «zonas problemáticas» tales como la espalda y las articulaciones. Aquí se incluyen disciplinas tales como yoga, gimnasia clásica, Pilates y naturalmente todo tipo de actividades en el agua, que son muy eficaces y no perjudican a las articulaciones.

En sus clubes, ¿qué diferencia hay entre los programas para mujeres de más de 40 años y los destinados a personas más jóvenes?

El esfuerzo se aumenta más lentamente para evitar una sobrecarga peligrosa. Para ejercitar bien el aparato cardiovascular a partir de los 40 años es importante entrenar en el campo aeróbico hasta aproximadamente el 75 % de frecuencia cardiaca máxima. En nuestros clubes de fitness se ofrecen chequeos médicos iniciales y durante los entrenamientos se puede emplear un pulsómetro. Es recomendable efectuar un entrenamiento que sea una combinación de fortalecimiento y resistencia así como de relajación. Correr, practicar la marcha deportiva e ir en bicicleta refuerzan el sistema cardiovascular, mientras que los ejercicios específicos con aparatos fortalecen los músculos. Nuestros huéspedes pueden relajarse en la zona de Wellness con baños de vapor, biosauna o masajes, así como en sesiones de disciplinas para cuerpo y mente tales como el yoga.

Efectividad en el entrenamiento muscular

Unas nalgas firmes, muslos y gemelos fuertes y estilizados, un barriga lisa: puede conseguirlo con un buen programa de entrenamiento muscular. Sólo debe tener en cuenta algunos aspectos que son fundamentales.

El material necesario para la práctica

Todos los ejercicios del próximo capítulo se dividen en tres grados de dificultad: niveles 1 a 3. El entrenamiento en el nivel 1 se efectúa al principio sin accesorios, es decir sólo usando su cuerpo. No obstante, necesitará una colchoneta de gimnasia; también le servirá como aparato de entrenamiento y debería ser resistente. Como alternativa también puede adquirir un *Balance Pad* (balancín); lo podrá encontrar en tiendas especializadas a precios asequibles.

Debe tener siempre una botella de agua al alcance porque seguramente el entrenamiento le hará sudar. Si entrena en los niveles 2 ó 3, debería comprarse un *Theraband*, una cinta de látex con asas. Procure que la cinta no sea demasiado potente. Pero tampoco conviene escoger cintas muy elásticas porque tampoco realizará ejercicios del nivel 1 con la cinta. Se pueden encontrar en tiendas de deporte a buenos precios. A partir del nivel 2 también debería disponer de unas mancuernas de 1,5 a 2 kilogramos de peso. También las encontrará por pocos precios en tiendas especializadas. Como alternativa también pueden utilizarse botellas de agua; sólo tienen el inconveniente de no poderlas agarrar con demasiada facilidad.

Cómo empezar y cómo mantener la motivación

Puede que le parezca cansado al principio si nunca había entrenado la fuerza. ¡Pero por poco tiempo! En sólo dos semanas, su cuerpo ya se habrá adaptado a las cargas y a las seis semanas, como muy tarde, ya estará totalmente identificada con la actividad. Nunca más le costará tanto empezar como la primera vez, incluso después de descansos prolongados. Sus músculos también tienen una «memoria» y reaccionan más pronto si ya están entrenados. Mire sencillamente de orientarse en las sensaciones de su cuerpo. Si después de una semana nota que el entrenamiento le resulta fácil, puede incrementarlo. Los estímulos de entrenamiento

han de ser sistemáticos, no demasiado intensos ni tampoco muy débiles, para incidir en el músculo y formar su cuerpo óptimamente. Por otro lado, si el entrenamiento le cuesta mucho debe reducirlo. Cuando se sienta cansada y agotada sólo debe efectuar un entrenamiento suave. Se impone un descanso estricto cuando esté enferma, cuando tenga fiebre o cuando note fuertes agujetas. Los esfuerzos deportivos en medio de una enfermedad pueden provocar daños permanentes en el cuerpo; esto no sólo vale para el entrenamiento de la musculatura sino también para el cardio-entrenamiento. Procure tomarse el tiempo suficiente para curarse.

El *timing* es esencial

Su cuerpo necesita tiempo para desarrollar y moldear la musculatura con efectividad. La reparación y el desarrollo de los músculos se produce en la fase de descanso posterior al entrenamiento y no durante el mismo; por esta razón debería pasar un tiempo de 24 horas, como mínimo, hasta que se entrene el mismo grupo muscular, por ejemplo las piernas, o incluso 48 horas si el entrenamiento fue muy intenso. Debe dejarse guiar por sus sensaciones para decidir si está preparada para la siguiente sesión de entrenamiento. Aunque hayan pasado ya las 24 horas debe escuchar a su cuerpo: ¿Siente todavía pesadez y falta de fuerza en los músculos y le faltan aún ganas para volver a practicar? Entonces debe atrasar la sesión de entrenamiento. En su lugar, puede trabajar con otra zona de su cuerpo o efectuar un cardio-entrenamiento.

¿Cuántas veces por semana?

Los principiantes no deberían exagerar y contar primero con tres sesiones de trabajo muscular por semana. Durante las cuatro semanas siguientes se puede subir a cuatro veces por semana. Los avanzados y bien entrenados pueden empezar, sin problemas, con cuatro sesiones y aumentarlas hasta cinco o máximo seis, en un espacio de cuatro semanas. El cardio-entrenamiento se debería realizar tres veces por semana, como mínimo. Si está entrenando en el nivel 1, intente aguantar media hora y después progresivamente, en un espacio de 6 a 8 semanas, 45-60 minutos.

El tiempo por sesión en el nivel 2 debería ser de 40-60 minutos y, en el nivel 3, sólo de 20 minutos. Un día a la semana debería permitirse un descanso sin entrenamiento cardiovascular ni de muscular.

¿A qué hora del día?

Debe incluir sus sesiones prácticas y el cardio-entrenamiento como elementos fijos de su jornada. Es una cita importante consigo misma que debe cumplir como sea. ¡No se deje distraer! No importa si la hora se ubica por la mañana, antes del trabajo, o después, por la tarde.

Procure no realizar el cardio-entrenamiento antes de las 7.30 de la mañana porque el nivel de cortisona de su cuerpo es bastante alto a esta hora. Entonces podría sentirse abatida durante el día y sobrecargar innecesariamente su corazón, por los efectos estresantes de la hormona cortisona. Si entrena por la noche, tenga en cuenta que su cuerpo se activará. Podría tener problemas de insomnio si se acuesta inmediatamente después del entrenamiento. Lo que suele ayudar entonces es una taza de infusión de hierbas.

Las cargas

En los ejercicios de fuerza o fortalecimiento muscular se ha de superar una carga que puede ser artificial, en forma de mancuernas, cintas elásticas o aparatos, o bien puede tratarse de nuestro propio cuerpo. Entrenará determinados músculos y grupos musculares, repitiendo determinadas secuencias de movimientos. Los estímulos producidos de esta manera hacen que el músculo se recupere y se potencie durante la posterior fase de descanso, creciendo y tonificándose. Con el uso de pesas puede aumentar la carga sistemáticamente y estimular el músculo a un crecimiento mayor que sólo con el peso corporal. La forma de cómo entrenar mejor dependerá del tipo de fibras musculares y de su tipología corporal. El cuerpo dispone de dos tipos de fibras musculares: por un lado están las fibras de contracción rápida, llamadas *fast-twitch*. Dichas fibras entran en acción en los movimientos repentinos, por ejemplo en un sprint rápido o también en el entrenamiento de la fuerza. La energía para estos trabajos cortos pero intensos surge directamente de los depósitos energéticos del músculo. Por otro lado existen fibras de contracción lenta, las llamadas fibras *slow-twitch*. Se emplean, ante todo, en los trabajos prolongados, de resistencia, es decir en el cardio-entrenamiento. La energía requerida puede venir de diferentes sistemas metabólicos como, por ejemplo, de la degradación de hidratos de carbono o grasas.

Las fibras musculares se distribuyen por el cuerpo de diferente forma en función del perfil corporal (véase pág. 18-19). El individuo con perfil ectomorfo (delgada), por ejemplo, tendrá menos problemas con su peso corporal, por su mayor número de fibras de contracción lenta o *slow-twitch*, pero en cambio le costará más ponerse en forma. Con el perfil endomorfo (redondeada) pasará justo lo contrario: no será difícil desarrollar la musculatura pero sí lo será el adelgazar, por la menor cantidad de fibras *slow-twitch*. Las personas con perfil mesomorfo (atlética) poseen cantidades equilibradas de ambos tipos de fibras musculares. Esto puede tener dos efectos distintos: o bien les resulta más fácil moldear su cuerpo de forma proporcio-

El estímulo de entrenamiento se incrementa mediante accesorios como mancuernas o *Theraband*.

nal o les resulta difícil adelgazar y formar su cuerpo.

Cómo moldear la musculatura

Muchas mujeres creen que el trabajo de la fuerza muscular va acompañada de gruesos bultos musculares hinchados. Pero no debe preocuparse mientras siga las indicaciones de este libro. Las cargas aquí indicadas son demasiado bajas para poder obtener estos efectos indeseados. Además se dispone de ejercicios compensatorios que vuelve a estirar el músculo y evitan que se desarrolle innecesariamente.

Entrar en profundidad

Con el entrenamiento de las capas musculares profundas puede conseguir una buena postura corporal con aspecto atractivo y elegante. Además del efecto visual, se obtiene otra ventaja con ello: el entrenamiento afecta los pequeños músculos que rodean los huesos. Éstos no sólo protegen los huesos y las articulaciones sino también la columna vertebral. Debería incluir los ejercicios correspondientes justamente cuando sufre dolores de espalda. El corsé muscular que construye de esta manera también favorece las capas musculares superiores. Sobre todo las mujeres que llevan mucho tiempo entrenando se sorprenden a veces de que la barriga o los glúteos no se vuelvan más tensos o lisos, a pesar de la práctica regular. Esto se debe a menudo a la falta de entrenamiento de la musculatura profunda y no a la cantidad de ejercicios. La zona abdominal suele responder con rapidez a esta forma de entrenar. Luego no debe fortalecer sólo los músculos superficiales, como por ejemplo la musculatura recta del abdomen, sino también las capas más profundas que sujetan y sostienen los abdominales.

Con los siguientes ejercicios podrá fortalecer efectivamente la musculatura de barriga, piernas y glúteos: flexiones laterales del tronco (pág. 50), balancín con abdominales (pág. 54), abdominales en cuadrupedia (pág. 62), ejercicios en el suelo desde posición lateral (pág. 64), tijera con manos en cadera (pág. 70), aductores (pág. 76), abductores (pág. 78), patada hacia atrás (pág. 82), equilibrio sobre una pierna (pág. 84), elevación de las piernas en cuadrupedia (pág. 98) y elevación lateral (pág. 100).

Stretching: músculos largos y formas más bonitas

En cada ejercicio tendrá que trabajar determinados músculos. Trabajando un músculo significa activarlo, es decir acortarlo o estirarlo.

Para ello, las diferentes fibras musculares se deslizan entre ellos. Durante el movimiento contrario, la distensión, las fibras musculares desplazadas vuelven a ponerse en línea pero no por completo. Se mantiene una tensión básica en el músculo porque el cuerpo espera una nueva carga. Para quitar esta tensión muscular, se ha de estirar la zona correspondiente del cuerpo. Suponiendo que se hace una ejecución correcta, no sólo se elimina de esta manera la tensión del músculo sino que también se pueden corregir malas posturas, posiblemente causadas por el acortamiento del músculo.

Un buen ejemplo es la musculatura inferior de la espalda de la zona lumbar que tiende a acortarse. La pelvis se dobla entonces hacia atrás y la barriga se desplaza hacia delante. Esta postura no sólo puede causarle dolores en la espalda sino también una supuesta barriga redondeada que se resiste a todo tipo de trabajo de fuerza y que tampoco disminuye con una dieta persistente. Si estira bien la espalda verá que la barriga desaparecerá sola. Para todos los ejercicios de fuerza muscular encontrará, en el siguiente capítulo, algunos ejercicios de stretching que le ayudarán a estirar los músculos y a corregir posturas incorrectas con efectos negativos para su figura. Los músculos se vuelven entonces largos y delgados y ganará postura.

¿Lleva mucho tiempo entrenando? Pruebe entonces entrenar a cámara lenta. Con esta variante no sólo variará su rutina de entrenamiento sino que ejercitará sus músculos de una manera inusual. Sencillamente debe emplear más tiempo de lo normal para sus ejercicios y realizar el movimiento a cámara lenta:

> Cuente durante la acción muscular (tensión) hasta diez para aflojar después lentamente, contando hasta cuatro.

> Controle la respiración conscientemente, inspirando durante la tensión y espirando durante la recuperación.

> Realice los movimientos con la mayor fluidez posible, evitando gestos bruscos o acelerados.

> Reduzca el número normal de repeticiones a cinco o seis. Vuelva a entrenar con normalidad después de dos semanas de ir a ritmo de tortuga. Existen estudios que demuestran que el entrenamiento lento puede aportar un aumento de la fuerza del 50 por ciento, como máximo. Ésta es una de las razones: los ejercicios de ejecución lenta suelen ser más precisos, no podrá hacer trampa de hacerlos correctamente y el tiempo de carga es mayor.

El entrenamiento superlento tiene además la ventaja de minimizar el riesgo de lesiones.

INFORMACIÓN

La fuerza-resistencia crea músculos delgados

Los ejercicios con poca resistencia también se denominan ejercicios de fuerza-resistencia. La musculatura se potencia a la vez que se entrena la resistencia del músculo. No es lo mismo que la resistencia cardiovascular, sino que indica que está realizando muchas repeticiones con poca carga. Entrenar con poca carga significa, además, que el músculo no se engrosará como en el entrenamiento con cargas elevadas ni sobrepasará un volumen estético. Durante el desarrollo de la musculatura dirigida

¡LA MUSCULATURA EXIGE RETOS!

Los excesos en el entrenamiento pueden sobrecargar los músculos; debe efectuar suficientes descansos en el entrenamiento de una zona del cuerpo. Pero también es un error aflojar demasiado: después de 24 horas de descanso absoluto, la musculatura ya empieza a reducir los músculos no activados. Ésta es la norma básica: realizar una vez por semana ejercicios de fuerza musuclar evita la degradación de la musculatura. Con dos prácticas por semana, los músculos se mantienen sin problemas. La recompensa cuando se hacen de tres a seis entrenamientos sistemáticos por semana es el desarrollo muscular.

a convertirla en «alargada y delgada» dispondrá también de ejercicios de stretching para las zonas corporales correspondientes. Para crear estímulos suficientemente fuertes debería efectuar entre 20 y 30 repeticiones por cada lado de los ejercicios dinámicos para piernas y glúteos. La barriga requiere un desafío mayor: entre 30 y 40 repeticiones por ejercicio serán óptimas. El número exacto de repeticiones se indicará a continuación para cada ejercicio. Si un movimiento del nivel 2 ó 3 le resultara tan difícil que no pudiera realizar la cantidad de repeticiones indicadas, debería seguir en el nivel 1 con el número de movimientos que todavía le faltan. Es importante cumplir con el número de repeticiones indicado para obtener el éxito deseado. Realice los movimientos de manera uniforme y dedique el mismo tiempo a la fase de carga o de activación, cuando se tensa el músculo, como a la fase de distensión. También es importante, en este contexto, respirar correctamente espirando durante el esfuerzo, cuando la musculatura se contrae e inspirando durante la fase de distensión.

El orden óptimo

¿Quiere estimular más de una zona corporal? Entonces debe tener en cuenta uno de los axiomas de la ciencia del deporte: Siempre se ha de entrenar primero el grupo muscular de mayor tamaño antes que los más pequeños. Así se asegura que los músculos pequeños, que respaldan a los grandes, no se agoten demasiado pronto y el movimiento se podrá realizar con precisión. Esto significa en la práctica: realizar primero el entrenamiento de las piernas, después los ejercicios para los glúteos y finalmente los abdominales. Previamente a cada apartado debe efectuar un calentamiento de cinco a diez minutos que puede organizar a partir del capítulo de ejercicios de calentamiento. Después puede comenzar con la práctica. Para cada zona debería escoger entre 8 y 10 ejercicios; esto corresponde a una sesión total de 45 a 60 minutos, incluyendo calentamiento y stretching. Debería variar los ejercicios en cada sesión para asegurar que la musculatura no se habitúe a los movimientos y se tenga que esforzar cada vez de nuevo.

¡Mantenga su postura!

Durante los entrenamientos ha de supervisar su postura corporal con el fin de realizarlos correctamente y de dar máxima efectividad a cada ejercicio. Para ello resulta idóneo entrenar ante un espejo. Se requiere una buena tensión corporal para realizar correctamente los ejercicios y observar en poco tiempo los cambios en la zona corporal correspondiente.

Aquí encontrará los fundamentos para la correcta postura corporal. Las instrucciones específicas para cada zona del cuerpo estarán en los siguientes capítulos junto a los ejercicios concretos.

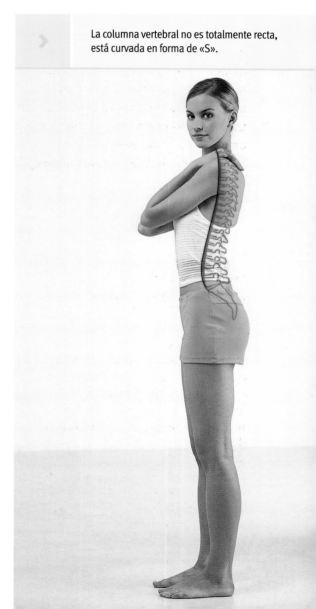

La columna vertebral no es totalmente recta, está curvada en forma de «S».

¡Debe enderezar la columna vertebral!

Antes de empezar con el programa de ejercicios debe activar la musculatura de columna y barriga. Asegúrese de que su ombligo esté metido y que los músculos de barriga y espalda estén en tensión. Para los ejercicios en posición estirada, en especial, se ha de mantener la curvatura natural de la columna vertebral. Por ello no debe presionar con la columna vertebral contra el suelo sino que debe poner en tensión la musculatura del tronco de forma consciente. También debe activar la base de la pelvis, creando una ligera tensión. Mantenga la cabeza en prolongación con la columna vertebral sin dejarla caer ni desplazarla hacia delante. En los ejercicios tumbados es importante mantener la distancia entre barbilla y pecho como la anchura de un puño. Intente estirar la columna vertebral en los ejercicios de pie: el vértice, es decir el punto más alto de la cabeza, debe elevarse hacia el cielo mientras que el cóccix ha de bajar hacia el suelo como el plomo. Los pulmones tendrán entonces espacio para respirar, se fomenta la entrada de oxígeno y se permite una mayor amplitud de movimiento. Con el constante control de la columna vertebral mantendrá el cuerpo en una tensión idónea, mejorando de esta manera la efectividad de cada ejercicio.

Las articulaciones requieren asistencia

Evite los movimientos incontrolados en todos los ejercicios. Nunca debe extender las articulaciones por completo. Estos dos aspectos son importantes para

ALIADO PARA LOS ABDOMINALES: EL FONDO PÉLVICO

La buena postura depende esencialmente del nivel de entrenamiento de las capas musculares profundas. El fondo pélvico resulta entonces ser muy importante para la zona del tronco. No resulta fácil ponerlo en tensión. Para activar esta plataforma muscular de tres capas puede realizar el siguiente ejercicio: siéntese con la columna erguida sobre el canto de una silla. Meta el ombligo hacia dentro y hacia arriba, en dirección de las costillas. Intente sentir los dos huesos en los que está sentada. Pruebe de acercarlos entre sí. Naturalmente, se trata de un movimiento muy pequeño, pero la musculatura empleada para ello es del fondo pélvico. Al mover el ombligo hacia arriba se activa una gran parte del fondo pélvico.

asegurar un control completo sobre la musculatura y para evitar daños en las articulaciones. La velocidad de los movimientos también es muy importante. Siempre debe realizar un ejercicio con la suficiente lentitud para mantener el control. Además, la cantidad de carga debería aún permitir una conducción del movimiento. Cada gesto debe tener un punto imaginario de partida y de final. También debe evitar movimientos de rebote, a no ser que la descripción del ejercicio lo indique expresamente.

¡Acompañe el movimiento con la respiración!

Los ejercicios se vuelven más intensos y controlados si son acompañados por la respiración. En el momento de tensar el músculo, durante el esfuerzo, debe espirar. Con ello se fomenta una fluidez uniforme del movimiento y le permite concentrarse mejor en la musculatura.

Puede aplicar la llamada técnica completa de respiración que aprovecha todas las áreas de los pulmones, con el fin de no interferir en la postura de la columna vertebral. Inténtelo primero ante el espejo sin realizar un ejercicio determinado. Respire primero hondo llenando la barriga. Entonces con la parte inferior del tórax, dejando pasar la respiración, sin interrupción, a la zona alta de los pulmones, por debajo de la clavícula.

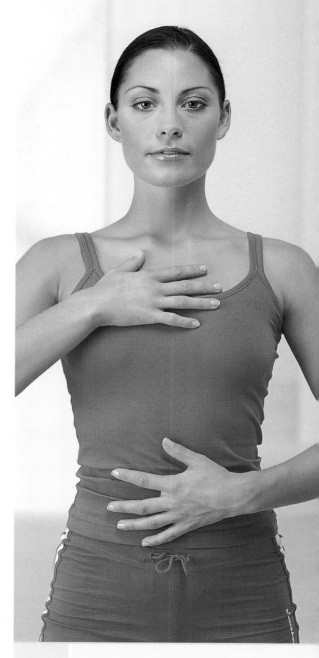

Practique la respiración ante el espejo, pasando por todas las áreas entre tórax y barriga.

41

Barriga, piernas y glúteos
en su mejor forma

Una vez que haya determinado su plan de

entrenamiento, sólo le falta un último paso.

Escoja del siguiente programa de ejercicios de

musculación el adecuado para usted.

Empiece en el nivel 1, 2 ó 3, según su estado

de entrenamiento. Es la manera de dominar sus

zonas problemáticas con seguridad. He aquí su

clave individual para su satisfacción corporal...

Antes de los ejercicios: caliente divirtiéndose

Previamente a cualquier entrenamiento, es importante adaptar la musculatura para la actividad y el esfuerzo. Si quiere puede poner un CD para crear un buen ambiente de entrenamiento y haga un calentamiento de cinco a diez minutos. Como alternativas también se presta el uso de aparatos como *hometrainer, stepper* (caminador) o cinta de correr. Su calentamiento concluye cuando empieza a sudar.

¡A comenzar!

Los siguientes ejercicios están pensados para calentar los músculos sin riesgo alguno de lesiones. Empiece siempre caminando suavemente durante un minuto. Intente realizar todos los ejercicios al ritmo de la música y contrólelos. Debe procurar una correcta ejecución de los movimientos.

Marcha

> Posición de pie, erguida, mantener la cabeza en prolongación con la columna vertebral. Erguir el cuerpo, tensando barriga, fondo pélvico y espalda. Los brazos semiflexionados al costado del cuerpo.

> Realice la marcha sin desplazarse: apoyar cada pie empezando por los dedos del pie hasta llegar al talón, moviendo los brazos alternativamente **1**.

> Procure mantener el tronco relativamente erguido, sin inclinarlo hacia delante y respire regularmente.

Golpe de boxeo

> Separe las piernas ampliamente, con la rodilla ligeramente flexionada en línea vertical por encima del centro del pie. Cierre las manos en forma de puños y elévelos hasta la barbilla.

> Efectúe entonces pequeños saltos hacia la derecha y la izquierda desplazando sólo brevemente el peso sobre la pierna avanzada.

> Efectúe un golpe directo estirando el brazo con el puño derecho, cuando salta sobre la pierna derecha **2**. Traslade entonces el peso sobre la pierna izquierda mientras el puño recupera su posición inicial. Después de un minuto golpee con la izquierda.

1 2 minutos	**2** 1 minuto por lado

Skipping con cuerda

> De pie con los pies paralelos y separados a la altura de las caderas. Rodillas ligeramente flexionadas.
> Mantenga los codos juntos al cuerpo y eleve las manos con una cuerda de saltar a los costados del cuerpo.
> Efectúe pequeños saltos en el sitio de acuerdo con los movimientos de brazos y cuerda. Mantenga el tronco erguido y la mirada hacia delante **3**.
> Puede realizar el ejercicio también sin la cuerda de saltar.

De banda a banda

> Separación amplia de piernas. La rodilla ha de estar en proyección vertical por encima del centro del pie. Los brazos en los costados y estirados hacia abajo.
> Desplace el peso hacia la derecha estirando la pierna izquierda hasta contactar suavemente con la punta del pie izquierdo en el suelo y girar, a su vez, el hombro izquierdo hacia atrás **4**.
> Trasladar el peso hacia la pierna izquierda girando el hombro derecho hacia atrás.

3   De 1 a 2 minutos

4   De 1 a 2 minutos

Toques con el talón

> Póngase en posición erguida y apoye las manos en las caderas. Los pies paralelos y la tensión corporal activada.

> Traslade entonces el peso hacia la izquierda y toque con el talón derecho brevemente en el suelo, lo más alejado posible del cuerpo **5**.

> Volver a juntar el pie derecho con el izquierdo, trasladar el peso hacia la derecha y tocar con el talón izquierdo delante del cuerpo.

5   **De 1 a 2 minutos**

Estiramientos a gusto de cada uno

Según los más recientes estudios científicos, estirar la musculatura antes del entrenamiento mediante el llamado *prestretching* no tiene efecto en cuanto a la prevención de lesiones. Pero tampoco existe ningún estudio que vaya en contra de ello. La mayoría de los estudios actuales desaconsejan un *stretching* muy intenso antes del entrenamiento porque puede disminuir la tensión muscular y reducir el rendimiento en el entrenamiento. En cambio, casi todos los expertos recomiendan calentar o adaptar la musculatura con un *prestretching* moderado.

De manera que si le sienta bien puede realizar algunos ejercicios de estiramiento dinámicos después del calentamiento. Escoja dos o tres ejercicios del programa de estiramientos para cada zona del cuerpo (págs. 66-67, 86-87 y 104-105) y realice cada movimiento durante unos 20 segundos con pequeños rebotes controlados. Con ello aumentará la flexibilidad y la amplitud del movimiento, fomentando también la compensación de desequilibrios musculares. Póngase en marcha e inicie su programa individual de entrenamiento muscular.

Barriga lisa

Cintura delgada, barriga plana, con estos ejercicios puede estirar y formar su barriga de forma efectiva. Con pequeños consejos intercalados le ayudaremos además a liberar la zona del ombligo de los inoportunos depósitos de grasa para poder lucir el bikini durante la próxima temporada de playa.

La fortaleza muscular surge del centro

Entrenar la barriga, esto suena a un simple trabajo de abdominales. Pero para entrenar intensamente la musculatura del centro del cuerpo no hay suficiente con un ejercicio aislado.

Veamos con más detalle cómo la musculatura abdominal está estructurada en tres capas. La musculatura profunda del abdomen está conformada por los músculos cuadrado lumbar y psoas mayor, flexor de la cadera. Se ubica entre la musculatura abdominal mediana y lateral que se ve en el lado izquierdo de la fotografía de la página 49, también denominada musculatura abdominal superficial.

La musculatura abdominal mediana se compone de los músculos rectos abdominales, encargados de inclinar el tronco hacia delante, y del piramidal. La musculatura lateral del abdomen que se ocupa de girar e inclinar el tronco consta de tres partes: músculos oblicuos internos y externos del abdomen así como los músculos transversos del abdomen.

Todos estos músculos y el fondo pélvico han de estar bien entrenados para mantener el tronco estable y erguido. La musculatura de la espalda también es importante a la hora de entrenar los abdominales puesto que el músculo transverso, por ejemplo, conecta con la espalda. La musculatura de la espalda se encarga, además, del movimiento opuesto a los abdominales, como el movimiento de enderezar el tronco desde una posición inclinada. Los músculos extensores de la espalda tienen una función específica en este sentido.

En las siguientes páginas encontrará una serie de ejercicios clasificados para las capas musculares profundas y superficiales así como algunos ejercicios que incluyen la espalda y así podrá entrenar todas las partes de los abdominales y también la espalda. Escoja movimientos de todos los grupos para diseñar su programa de abdominales. De esta manera obtendrá la mejor sensación abdominal que pueda conocer.

> La musculatura superficial del abdomen transcurre en sentido horizontal, vertical y diagonal.

> Los extensores de la espalda son todos los músculos que enderecen el tronco.

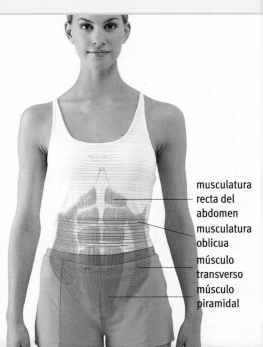

musculatura recta del abdomen
musculatura oblicua
músculo transverso
músculo piramidal

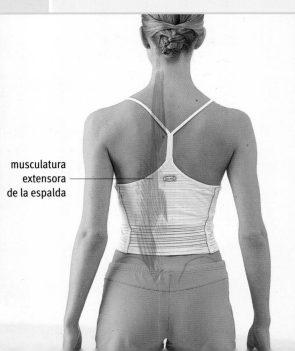

musculatura extensora de la espalda

La musculatura profunda del abdomen

Con los siguientes ejercicios estará entrenando las capas profundas de la musculatura abdominal pero también los transversales, oblicuos y, en parte, también el fondo pélvico. Además se implica también un poco la musculatura recta del abdomen.

Flexiones laterales del tronco

Fortalece la musculatura lateral del abdomen y moldea la cintura

> Estírese sobre una colchoneta o sobre una toalla grande, gírese hacia su lado derecho y flexione las piernas ligeramente. Estire el brazo izquierdo por encima del cuerpo en dirección hacia las piernas. Lleve entonces el brazo derecho a la cabeza, con el codo hacia delante. Si tiene problemas con la nuca, puede colocar también una toalla enrollada entre cabeza y brazo.

GRATIFICACIÓN PARA PRINCIPIANTES

SUGERENCIA

Un cuerpo no entrenado reacciona muy positivamente ante cualquier estímulo de entrenamiento. Esto significa que los primeros kilos se pierden muy fácilmente. Pero este cuerpo se habrá adaptado al estímulo de entrenamiento después de diez a doce semanas, según los más recientes conocimientos científicos. Después de tres meses, como máximo, debería comprobar si está entrenando en el nivel correcto, con el fin de no estancarse.

1 12 a 15 rep. por lado

> **Nivel 1:** Active toda la musculatura abdominal e intente elevar el tronco un poquito con la fuerza de los músculos abdominales. Las piernas permanecen apoyadas en el suelo **1**. Aguante unos instantes y deshaga el movimiento lentamente sin apoyarse del todo antes de la siguiente repetición.

> **Nivel 2:** Colóquese como en el nivel 1, pero ahora debe apoyar el brazo izquierdo por delante del pecho. Deje descansar el tronco sobre el suelo y eleve primero la pierna izquierda y junte después la pierna derecha. Ambas piernas se elevan un poco **2**, luego se vuelven a bajar sin llegar a tocar el suelo.

> **Nivel 3:** Combina los niveles 1 y 2: elevan a la vez tronco y piernas. Puede volver a apoyar el brazo izquierdo. Siga elevando lentamente tronco y piernas **3** y vuelva a bajarlos.

2 12 a 15 rep. por lado	**3** 12 a 15 rep. por lado

1

2 15 a 20 repeticiones

Flexiones de piernas

Para fortaleceer la musculatura abdominal recta y transversal

> Estírese sobre la espalda y ponga primero los pies planos sobre el suelo. Procurar la mínima contracción en abdomen y fondo pélvico y estirar la columna vertebral. Imagínese unos hilos fijados en el vértice de la cabeza y en el cóccix para estirar la columna vertebral en las dos direcciones opuestas. Mire hacia el techo, estire los brazos sobre el suelo, por encima de la cabeza, y entrelace las manos de manera que pueda apoyar la cabeza sobre los brazos. Eleve entonces las piernas hasta llegar con las rodillas a la vertical de la cadera, con las pantorrillas paralelas al suelo **1**.

> **Nivel 1:** Meta el ombligo hacia dentro y muévalo hacia arriba en dirección hacia las costillas. Relaje cabeza y nuca. La cabeza descansa sobre los brazos, hay una distancia del tamaño de un puño entre barbilla y pecho. Incremente la tensión en el fondo pélvico y en el abdomen hasta llegar a separar la cabeza y los hombros del suelo. Mantenga la tensión estirando, a su vez, las piernas hacia arriba. Mantenga las plantas de los pies paralelos al techo. Continúe con la tensión en el tronco y eleve las nalgas con fuerza desde la parte inferior del abdomen **2**. Mantenga brevemente la tensión en esta zona, relájese lentamente volviendo a tocar con las nalgas en el suelo. El tronco se mantiene elevado. Enlazar con la siguiente repetición.

| 3 | 15 a 20 rep. por lado | 4 | 15 a 20 repeticiones |

> **Nivel 2:** Eleve el tronco como en el nivel 1. Mantenga la tensión en el abdomen y estire las piernas hacia arriba. Flexione las puntas de los dedos del pie derecho y bájelo lentamente sin llegar a tocar el suelo 3. Vuelva a levantarlo con el mismo control. Cambiar de pierna después de 15 a 20 repeticiones.

> **Nivel 3:** Eleve el tronco igual que en el nivel 1 y estire ambas piernas hacia arriba hasta formar un ángulo entre tronco y piernas, debería ser de 90 grados o algo más. Practique a partir de esta tensión inicial: baje ambas piernas muy lentamente sin llegar a tocar el suelo cogiendo aire. Durante la espiración, vuelva a subir las piernas sin impulso 4.

¡PRACTIQUE LENTAMENTE!

Sólo puede realizar el número de repeticiones del nivel 3 si domina sin problemas el ejercicio del nivel 2. Movimientos torpes o descontrolados le pueden provocar dolores en la espalda. Tómese su tiempo para la ejecución y no dude en bajar un nivel si tiene la sensación de que el ejercicio todavía le resulta demasiado difícil.

¡IMPORTANTE!

Balancín para abdominales

Actúa sobre la musculatura transversal y recta en las zonas superior e inferior del abdomen

Mantenga la posición final de 20 a 30 segundos

> Siéntese colocando los pies planos sobre el suelo. Imagínese ser un árbol: su corona, el vértice de su cabeza, quiere crecer hacia arriba y le estira en dirección hacia el cielo mientras que sus raíces, sus pies, están fijamente ancladas en el suelo, su cóccix pesa fuerte sobre el suelo. Enderece su columna vertebral, active la musculatura de espalda, abdomen y fondo pélvico. Los brazos permane-

cen ligeramente flexionados, con las manos relajadas en las corvas de sus rodillas **1**.

> **Nivel 1:** Debe mantener, como sea, la espalda recta, la cabeza en prolongación de la columna vertebral y desplace con cuidado su peso hacia atrás. Las manos siguen apoyadas en las corvas de las rodillas. Atrase aún más su peso hacia atrás hasta que los pies se separen del suelo **2**. Siga respirando uniformemente y no contenga la respiración, ¡de ninguna manera!

> **Nivel 2:** Realice el ejercicio igual que en el nivel 1. Pero esta vez debe colocar sus manos por encima de sus rodillas

1 **2**   3 repeticiones

en lugar de por debajo. Desplace su peso hacia atrás hasta situar las pantorrillas paralelas al suelo **3**. Mantenga esta posición durante algunos segundos respirando regularmente.

> **Nivel 3:** Desplace su peso hacia atrás, igual que en el nivel 2: mantenga la espalda recta mientras su peso se va desplazando lentamente hacia atrás hasta que los pies se separen del suelo. Agarre los pies con sus manos y vaya estirando lentamente tanto las piernas como los brazos **4**. Buscar un equilibrio. Mantenga esta vez la posición final sólo de 10 a 20 segundos y deshaga el movimiento.

QUÉ HACER PARA QUE LE RESULTE MÁS FÁCIL

¿No puede estirar las piernas por completo en el balancín de abdominales o en la flexión de piernas? Entonces sólo debería realizar el ejercicio del nivel 1 e integrar los estiramientos de piernas en su programa de entrenamiento, aparte de los estiramientos de los abdominales. De esta manera convertirá los flexores de la pierna de nuevo en largos y elásticos, y pronto podrá estirar las piernas sin problemas, también en los ejercicios abdominales.

SUGERENCIA

3 3 repeticiones

4 3 repeticiones

La musculatura superficial del abdomen

Su barriga va a adquirir su perfil correcto y el toque final con estos ejercicios. Va a entrenar la musculatura recta del abdomen que cubre todas las demás capas musculares entre las costillas y la pelvis.

En los abdominales tradicionales sólo se implica la parte superior de los abdominales. Pero los siguientes ejercicios se conciben de manera que la parte inferior de la musculatura también se vea implicada.

Abdominales básicos

Entrenan la musculatura recta del abdomen

> Estírese sobre la espalda. Apoye los pies en el suelo un poco más separados que la anchura de la cadera, con las rodillas ligeramente flexionadas. Establezca una tensión básica en la barriga, fondo pélvico y espalda. Estire la columna vertebral. Ponga las manos en la cabeza flexionando los codos hacia fuera. Mire hacia arriba.

> **Nivel 1:** Aumente la tensión en la barriga hasta elevar cabeza y hombros del suelo. Es importantísimo que el ombligo empuje hacia dentro. La distancia entre cabeza y pecho debería ser la correspondiente a un puño. Procure inspirar al tensar 1. Disminuya después la tensión, pero sin llegar a apoyar la cabeza. De esta manera se mantendrá la tensión básica.

> **Nivel 2:** Con un aumento de la palanca intensificará el entrenamiento de la musculatura recta del abdomen. En la posición inicial, puede estirar los brazos por encima de la cabeza entrelazando las manos. Coloque entonces la cabeza sobre los brazos y aumente la tensión abdominal, tal como se describe en el nivel anterior, hasta separar cabeza y hombros del suelo 2. Reducir la tensión un poco sin apoyar el tronco por completo.

> **Nivel 3:** Implique ahora también la musculatura abdominal inferior. Extienda los brazos como en el nivel 2 y eleve, desde el inicio, también las piernas hasta que las pantorrillas estén paralelas al suelo, con las rodillas verticalmente por encima de la cadera. Ahora debe aumentar la tensión en el abdomen 3 y volver a bajarla.

1   30 a 40 repeticiones

2   30 a 40 repeticiones

3   30 a 40 repeticiones

1   **2**   15 a 20 repeticiones

Abdominales inferiores

Potencia la parte inferior de la musculatura recta del abdomen

> Estírese sobre su espalda. Las manos cruzadas detrás de la cabeza. Relaje los hombros, mire hacia el techo y active ligeramente la musculatura abdominal. Los pies apoyados en el suelo. Eleve entonces las piernas lentamente, una tras otra. Cruce los pies, dejando que las rodillas se separen un poco cuando están por encima del ombligo **1**.

> **Nivel 1:** Sin mover el tronco, separe lentamente las nalgas unos centímetros del suelo **2**. Las rodillas se mantienen ligeramente flexionadas. Vuelva a bajar las nalgas pero no por comple-

to. Procure realizar el movimiento con lentitud y fluidez.

> **Nivel 2:** Adopte la misma posición inicial que antes. Desarrolle una tensión básica en la barriga y eleve las nalgas unos centímetros del suelo. Desde esta posición, mueva las rodillas y las nalgas hacia la derecha y hacia la izquierda, de forma alternada. El tronco no se debe separar del suelo; brazos y hombros relajados **3**.

> **Nivel 3:** Adopte la posición inicial. Lleve las manos a la cabeza y deje caer los codos hacia los lados. Eleve las nalgas unos centímetros del suelo tensando a la vez la parte superior de la musculatura abdominal y elevar el

| **3** | 15 a 20 rep. por lado | **4** | 15 a 20 repeticiones |

tronco. Vuelva a realizar pequeños giros con las rodillas hacia cada lado manteniendo la tensión del tronco y respirando de forma uniforme **4**.

Importante: Alterne el sentido de los movimientos de cruzar las piernas varias veces para entrenar toda la musculatura implicada en el movimiento con la misma intensidad.

¿SU ENTRENAMIENTO ABDOMINAL LE HACE BOSTEZAR?

La causa no radica en un esfuerzo muy bajo o en estar por encima del nivel de exigencias. Puede producirse una falta de oxígeno porque en los ejercicios abdominales se suele dejar de lado la respiración profunda. Su cuerpo le obligará entonces a respirar más profundamente y para ello le hace bostezar.

INFORMACIÓN

Flexiones en diagonal

Para entrenar la musculatura recta lateral y transversal del abdomen

> Estírese sobre la espalda. Ponga primero los pies planos sobre el suelo. Controle su columna vertebral y estírela conscientemente. Encoja el ombligo hacia dentro en dirección hacia las costillas. Lleve las manos a la cabeza bajando los codos hacia los lados. Active la musculatura de la barriga y del fondo pélvico y eleve las piernas hasta colocar las pantorrillas paralelas al suelo. Las rodillas deberían estar por encima de la cadera. Deje caer los pies.

> **Nivel 1:** Extienda el brazo derecho hacia el lado derecho sobre el suelo. Aumente la tensión abdominal hasta separar cabeza y tronco del suelo. Incremente aún más la tensión abdominal llevando el hombro lentamente en dirección hacia la rodilla derecha dejando caer un poco el codo hacia la izquierda ⬛1. Reduzca la tensión pero no baje el tronco del todo.

> **Nivel 2:** Extienda el brazo derecho hacia el lado, como en el nivel 1. Vuelva a elevar ligeramente el tronco partiendo de la tensión abdominal. Lleve entonces el hombro izquierdo hacia la rodilla derecha extendiendo, a su vez, la pierna izquierda en diagonal hacia arriba ⬛2. Recupere el gesto, flexionando la pierna izquierda pero sin bajar el tronco por completo.

> **Nivel 3:** Extienda el brazo derecho hacia el lado derecho sobre el suelo. Eleve el tronco ligeramente. Lleve el hombro izquierdo hacia la rodilla derecha dejando caer un poco el codo hacia la izquierda. Paralelamente se extiende la pierna izquierda diagonalmente hacia arriba. Cuando se llegue a una elevación máxima del tronco, sin separar la zona lumbar del suelo, baje la pierna izquierda hasta poco antes de tocar el suelo ⬛3. Vuelva a elevar la pierna lentamente y flexiónela, disminuya la tensión del tronco, pero sin bajar el hombro izquierdo por completo.

2 30 a 40 repeticiones por lado

3 30 a 40 repeticiones por lado

Ejercicios combinados abdomen-espalda

La barriga sólo coge un aspecto liso y firme si se entrenan barriga y espalda de igual manera. Con los siguientes ejercicios combinados entrenará la potente musculatura abdominal y al mismo tiempo reforzará los extensores de la espalda.

Abdominales en cuadrupedia

Refuerza los extensores de la espalda y los abdominales

> Póngase en posición cuadrúpeda. Apoye los antebrazos en el suelo separados a la anchura de los hombros. Los dedos miran hacia delante. Mantenga los codos verticalmente por debajo de los hombros y active la musculatura de los hombros, empujándolos hacia arriba. Las rodillas permanecen verticalmente por debajo de la cadera. Mantenga la cabeza en línea con la columna vertebral, mirando hacia el suelo, y active la musculatura abdominal hasta tener la espalda recta. Las puntas de los pies están apoyadas en el suelo 1.

> **Nivel 1:** Separe los pies a una distancia correspondiente a la anchura de las caderas y extienda las piernas, una tras otra. El tronco y las piernas forman ahora una línea recta 2. Mire hacia el suelo y mantenga esta posición de 30 a 45 segundos, respirando normalmente. Vuelva a poner las rodillas en el suelo y descanse durante 10 segundos.

> **Nivel 2:** Comience en la posición del nivel 1. Desplace todo el cuerpo hacia delante estirando los pies. Imagínese tener un techo de hormigón por encima y que no puede elevar el cuerpo. El movimiento parte de los tobillos y la posición del cuerpo se mantiene estable 3. Vuelva a la posición inicial.

> **Nivel 3:** Realice el mismo movimiento que en el nivel 2, llevando esta vez la pierna derecha unos diez centímetros. Procure mantener la cadera quieta; las puntas de los dedos del pie elevado miran hacia el suelo durante todo el movimiento 4. Practique sin tomar impulso, sólo con la fuerza de piernas y glúteos. El movimiento ha de ser uniforme y sin impulso. Vuelva a bajar el pie lentamente. Repita con la pierna izquierda. De esta manera se incrementa la intensidad y también se trabaja la musculatura lateral.

1

2 3 repeticiones

3 20 a 25 repeticiones

4 20 a 25 repeticiones por lado

Ejercicio en el suelo desde posición lateral

Potencia los músculos profundos del abdomen, los extensores de la espalda y la musculatura de los hombros

> Estírese sobre su costado derecho, con las piernas ligeramente flexionadas. Apoyada sobre su antebrazo derecho, empuje el cuerpo hacia arriba, desde el hombro derecho. Puede buscar mayor estabilidad apoyando la mano izquierda por delante del cuerpo. Mantenga la cabeza en prolongación de la columna vertebral y active los abdominales.

> **Nivel 1:** Incremente de nuevo la tensión abdominal desde esta posición y eleve lentamente las caderas hasta alinear los muslos con el tronco **1**. Aguante de 15 a 20 segundos y relájese.

> **Nivel 2:** Active la musculatura de espalda y abdomen desde la posición inicial. Coloque la mano izquierda sobre la cabeza. Eleve las caderas lentamente hasta formar un plano entre muslos y tronco **2**. Aguante unos 20 segundos y reduzca lentamente la tensión.

> **Nivel 3:** Extienda las piernas y vuelva a apoyarse sobre el antebrazo. La mano izquierda sobre la cabeza. Tense entonces los hombros, la barriga y la espalda elevando las caderas hasta que las piernas y el tronco estén alineados **3**. Aguante de 25 a 30 segundos y elimine la tensión lentamente.

1-2 repeticiones por lado

2 repeticiones por lado

2 repeticiones por lado

Stretching para unas caderas delgadas

Cualquier movimiento crea tensión en la musculatura. Con cada gesto, cada esfuerzo, se acorta el músculo, las fibras musculares se desplazan entre sí. Pero las fibras no vuelven por sí solas a su posición inicial; queda una tensión residual en el músculo. Para deshacer-la y para convertir la musculatura de nuevo en larga y delgada debe realizar el stretching después de cada práctica. Hay que estirar los abdominales; los músculos vuelven con ello a su forma correcta y se asegura una postura erguida.

Stretching suave

> Estírese sobre la espalda. Extienda piernas y brazos y estire en sentido longitudinal ▪1. Mantenga el estiramiento y deshágalo lentamente.

Stretching con torsión

> Túmbese sobre la espalda. Apoye la planta de los pies en el suelo, las rodi-llas juntas. Extienda los brazos lateralmente tocando con hombros y palmas de las manos el suelo.
> Deje caer las rodillas lentamente hacia la izquierda y gire la cabeza con cuidado hacia la derecha. Mire de mantener ambos hombros en contacto con el suelo ▪2. Reduzca lentamente el estiramiento y repita el ejercicio por el otro lado.

1	30 segundos	2	30 segundos por lado

Stretching con elevación

> Túmbese sobre la barriga. Apoye las manos al lado del cuerpo, las puntas de los dedos miran hacia delante.
> Tense la musculatura de la espalda y eleve el tronco ligeramente reforzando el movimiento con la presión de las manos. Lleve la cabeza un poco hacia la nuca manteniendo los brazos flexionados **3**. Deshaga el movimiento lentamente.

Stretching hacia atrás

> Póngase de rodillas, apoye las puntas de los pies en el suelo y ponga las manos sobre los talones. Con las puntas de los dedos sobre las suelas, adelante las caderas lenta y controladamente.
> Lleve paralelamente la cabeza hacia la nuca abriendo un poco la boca **4**. Recupere la posición lentamente.

Stretching lateral

> Póngase de pie y cruce la pierna derecha por delante de la izquierda. Con una ligera tensión abdominal, junte las manos y estire los brazos hacia arriba. Debe estabilizar las caderas y flexionar el tronco lentamente hacia la izquierda hasta notar un agradable estiramiento del lado derecho del cuerpo (5). Relajarse y repetirlo hacia el otro costado.

3 30 segundos

4 30 segundos

5 30 segundos por lado

Con los siguientes ejercicios podrá entrenar muslos y pantorrillas, darles un aspecto bonito y proporcionado y actuar con eficacia contra la silueta en forma de pera originada por una distribución de grasas y cartucheras poco favorecedoras.

Poder muscular multiplicado por dos

Los músculos del muslo siempre trabajan en equipo. La musculatura de la cara posterior del muslo, el bíceps femoral, se compone de dos porciones musculares que van de la tuberosidad isquiática y del fémur hacia abajo para insertarse conjuntamente en la cabeza del peroné, por debajo de la articulación de la rodilla. Una de sus partes se encarga de la flexión de la pantorrilla y de la rotación externa del muslo, otra de la rotación externa de la cadera. El bíceps femoral flexiona además la rodilla y gira la pantorrilla hacia el exterior, cuando está flexionada. La rotación externa recibe la ayuda de los glúteos. En la flexión de la pantorrilla interviene, además, el músculo semitendinoso. El músculo cuadriceps femoral se encarga del movimiento de extensión. Tres de sus cuatro porciones musculares se originan en el fémur y extienden la rodilla. Sólo una parte sale de la pelvis y es capaz de flexionar la articulación de la cadera. El músculo cuadriceps femoral se encarga también, juntamente con los glúteos, de los movimientos de rotación de la pierna en todas las direcciones. La musculatura de la pantorrilla, los músculos gemelos, nace en dos cabezas musculares en la rodilla y se extiende hasta el talón. Los gemelos se encargan de la flexión y extensión del pie, juntamente con la musculatura de la cara anterior de la pantorrilla, el tibial anterior.

Para la elevación de la pierna existe un flexor de la cadera, también en versión doble. Una parte del músculo, el músculo psoas ilíaco, junta las caras internas de pelvis y muslo para trabajar conjuntamente con los abdominales. Otra parte, el músculo tensor de la fascia lata, se responsabiliza de la flexión de la cadera y de la elevación de la rodilla. Se extiende de la cara anterior pélvica hasta el muslo. Verá que no podemos estudiar aisladamente cada una de las porciones musculares. Por esta razón, siempre podemos afirmar lo siguiente cuando trabajamos la barriga, las piernas y los glúteos: nunca se entrenará una sola parte muscular. Siempre se integrará también una parte de la musculatura restante.

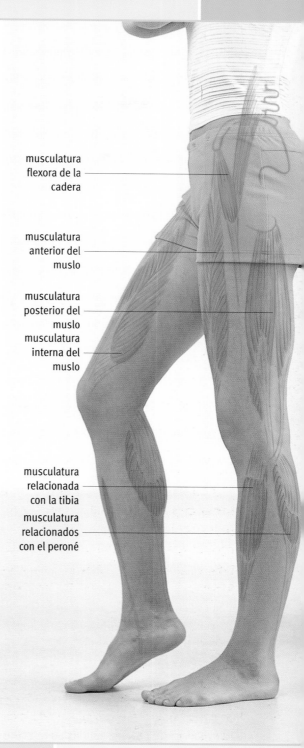

musculatura flexora de la cadera

musculatura anterior del muslo

musculatura posterior del muslo
musculatura interna del muslo

musculatura relacionada con la tibia
musculatura relacionados con el peroné

Los principales músculos de las caras anterior y posterior de muslo y pantorrilla

Tijera con manos en caderas

> Póngase de pie. Apoye las manos en la cintura y mantenga la cabeza en prolongación de la columna cervical. Estire la columna vertebral y enderece la espalda. Cree una tensión en barriga y espalda y haga un paso grande hacia delante con la pierna derecha. Mire de mantener el tronco recto, con el centro de gravedad en el medio. Separe el talón izquierdo del suelo y flexione ligeramente la pierna izquierda. La rodilla derecha también está algo flexionada. Los dedos de ambos pies se ubican hacia delante **1**.

> **Nivel 1:** Aumente la flexión en la rodilla derecha, bajando su cuerpo sin desplazarlo. La rodilla derecha debe situarse verticalmente por encima del centro del pie. Mantenga el tronco derecho **2**. Aumente la tensión en piernas y glúteos y vuelva a empujar el tronco lentamente hacia arriba.

> **Nivel 2:** Realice el ejercicio como en el nivel 1 colocando, para intensificar el ejercicio, un pequeño banco o step por debajo del pie adelantado. Flexione la rodilla derecha sólo hasta formar un ángulo de 90 grados **3**.

> **Nivel 3:** Conseguirá una intensidad aún mayor con el uso de pesas: Coloque un banco bajito o step por debajo del pie adelantado, como en el nivel 2, llevando esta vez una mancuerna en cada mano y aguántela sin esfuerzo durante todo el ejercicio **4**.

ENGROSAMIENTO DE LOS MÚSCULOS

El éxito de su entrenamiento dependerá de la correcta elección del nivel. Si va entrenando la musculatura hasta su agotamiento, está estableciendo un estímulo de entrenamiento que hace que el cuerpo reaccione con un engrosamiento muscular. Debe esperar hasta llegar al nivel 3 para aumentar el número de repeticiones y una vez conseguido realizar la cantidad indicada.

INFORMACIÓN

2

20 a 25 rep. por lado

20 a 25 rep. por lado

20 a 25 rep. por lado

Separación de la pierna

Tensa y moldea la cara externa del muslo

> Túmbese sobre su costado derecho y adelante las rodillas hasta que los ángulos entre tronco y muslos y entre muslos y pantorrillas sean de 90 grados. Coloque la mano derecha por debajo de la cabeza y la izquierda se apoya relajadamente por delante del cuerpo. Ponga una ligera tensión en la musculatura de barriga y espalda, manteniendo la espalda recta. Lleve el ombligo hacia dentro y hacia las costillas.

> **Nivel 1:** Tense un poco la musculatura del muslo izquierdo. Separe la pierna izquierda un poco de la derecha empleando la fuerza de la cara externa del muslo. Procure no modificar el ángulo entre muslo y pantorrilla. El pie izquierdo se dirige hacia delante durante todo el ejercicio. Estabilice el tronco, incremente la tensión de la parte externa del muslo izquierdo para elevar la pierna izquierda hasta el punto que pueda, sin tener que girar la cadera. Mantenga el tronco y la pierna derecha estables **1**.

> **Nivel 2:** Separe la pierna izquierda un poco más que en el nivel 1. Extienda entonces la pierna hasta formar una línea con el tronco. Imagínese que su cuerpo fuera encajado entre dos muros; hombros, caderas y tobillo se encuentran en una línea. El pie izquierdo apunta hacia delante durante todo el ejercicio. Eleve la pierna izquierda lentamente hasta el punto que pueda, sin tener que girar la cadera **2**. Vuelva a bajarla lentamente.

> **Nivel 3:** Separe un poco la pierna izquierda. Estírela entonces hacia delante, flexionando la punta del pie. Separe la pierna de forma controlada hasta donde pueda, sin tener que girar la cadera **3**.

ENGROSAMIENTO DE LOS MÚSCULOS

El éxito de su entrenamiento dependerá de la correcta elección del nivel. Si va entrenando la musculatura hasta su agotamiento, está estableciendo un estímulo de entrenamiento que hace que el cuerpo reaccione con un engrosamiento muscular. Debe esperar hasta llegar al nivel 3 para aumentar el número de repeticiones y una vez conseguido realizar la cantidad indicada.

1 25 a 30 repeticiones por lado

2 25 a 30 repeticiones por lado

3 25 a 30 repeticiones por lado

| 1 | 20 a 25 repeticiones | 2 | 20 a 25 rep. por lado |

Elevaciones de talones

Potencia la musculatura de los gemelos

❯ Colóquese sobre un banco bajito o un step. Como alternativa también puede realizar el ejercicio en el escalón de una escalera. Póngase primero encima del step. Aumente la tensión en el cuerpo, mantenga la cabeza recta y tense ligeramente la musculatura de barriga y espalda. Deje caer los brazos en ambos lados del cuerpo. Apóyese sobre el escalón de manera que sólo

toque con pulpejos y dedos de los pies. La distancia entre ambos pies corresponde a la anchura de un pie. Mantenga las rodillas un poco flexionadas y equilibre el cuerpo.

❯ **Nivel 1:** Baje los talones conscientemente y estire los brazos por delante del cuerpo para equilibrarlo. Empuje entonces lenta y controladamente el cuerpo hacia arriba, actuando con los gemelos hasta quedar de puntillas **1**.

3 20 a 25 rep. por lado

Si trabaja con el número indicado de repeticiones desarrollará la musculatura de sus piernas. Los gemelos excesivamente potentes se forman cuando se practica este ejercicio aisladamente, es decir sin seguir un programa, y con demasiada frecuencia. No se preocupe si realiza el ejercicio de elevación de talones una o dos veces por semana. Es importante realizar el movimiento correctamente. Al bajar el talón está estirando los gemelos en cada repetición; pero si va haciendo balanceos sin usar toda la amplitud del movimiento estará aumentando el volumen excesivo de los gemelos.

INFORMACIÓN

A continuación, vuelva a bajar los talones lentamente.

> **Nivel 2:** Desplace ahora su peso sobre la pierna derecha. Ponga el pie izquierdo completamente encima del step para equilibrar la posición. Intente ahora de nuevo trasladar el peso conscientemente sobre la pierna derecha, elevando el talón izquierdo. Todo su peso corporal descansa ahora sobre la pierna derecha. Empuje entonces lentamente el cuerpo hacia arriba, actuando con los gemelos de la pierna derecha **2**. Vuelva a bajar.

> **Nivel 3:** Realice lo mismo que en el nivel 2, trabajando con pesas. Coja las mancuernas con las manos y deje caer los brazos libremente. Vuelva a desplazar su peso sobre el pie derecho, eleve el talón izquierdo y baje el derecho. Empuje el cuerpo lentamente hacia arriba **3**. Bajar y repetir.

75

Aductores

Tensa y moldea la cara interna del muslo

> Póngase de pie. Estire la columna vertebral y enderece la espalda. Mantenga la cabeza en prolongación de la columna vertebral, con los abdominales ligeramente tensados. Empuje el ombligo hacia dentro y arriba. Estire los brazos a ambos lados del cuerpo.

> **Nivel 1:** Desplace su peso a la pierna izquierda, dejando caer los brazos. Tenga las rodillas algo flexionadas. Extienda la pierna derecha hacia delante y extienda la rodilla. Flexione las puntas de los dedos hacia la derecha, el talón derecho mira hacia el suelo. Imagínese que está chutando una pelota a cámara lenta con la cara interior del pie derecho y eleve la pierna derecha lentamente hacia la izquierda y arriba hasta donde pueda . Aguante un instante y vuelva a bajarla.

> **Nivel 2:** Utilice una cinta o un *Theraband* para incrementar la intensidad. Ate los extremos para tener un anillo. Sujete los pies con ambos tobillos tensándolo un poco. Desplace su peso a la pierna izquierda, con las rodillas algo flexionadas. Extienda la pierna derecha hacia delante y gírela hacia la derecha, desde la cadera. Flexione las puntas de los dedos hacia la derecha. Empuje ahora una

1   25 a 30 rep. por lado

pelota imaginaria con la cara interior del pie, en contra de la resistencia de la cinta, en diagonal hacia la izquierda y arriba **2**. Deshaga el movimiento lentamente.

> **Nivel 3:** Para implicar también a la musculatura estabilizadora del tronco y para intensificar el entrenamiento de la cara interna del muslo, colóquese sobre una colchoneta enrollada o sobre un balancín. Vuelva a colocar la cinta en los tobillos y realice el ejercicio tal como se describe en el nivel 2. Procure ante todo que la espalda se

| 2 | 25 a 30 rep. por lado | 3 | 25 a 30 rep. por lado |

mantenga recta y las caderas estables y que no empiecen a temblar mucho.

Compense cualquier desequilibrio con los brazos .

¿TIENE EXCESO DE PESO A PESAR DE LA DIETA?

¿Está haciendo una dieta tras otra y, a pesar de ello, no adelgaza? Esto es totalmente normal porque el cuerpo reacciona ante una dieta como ante una hambruna. Si usted come poco, el cuerpo apenas libera energía porque quiere ahorrar. Cuando acaba con la dieta, el cuerpo reacciona con pánico y se prepara para la fase de escasez. Está sufriendo lo que se conoce como «efecto yoyó». Sólo podrá liberarse de ello si cambia su alimentación. Además, para toda persona con tendencia a adelgazar mucho a nivel del tronco es importante que no sólo entrene sus zonas problemáticas sino que también la zona del tronco. Los músculos pueden equilibrar perfectamente las proporciones y gastan más energía que el tejido graso.

INFORMACIÓN

Abductores

Entrena la cara externa del muslo, tensa la cadera

> Póngase de pie. Apóyese con la mano derecha en una pared o puerta. El brazo izquierdo está extendido pegado al cuerpo. El vértice de la cabeza mira hacia arriba y el cóccix hacia el suelo. La cabeza está en prolongación de la columna vertebral y la mirada hacia delante.

> **Nivel 1:** Traslade el peso sobre su pierna derecha. Eleve el pie izquierdo pero manténgalo relajado, los dedos del pie apuntan hacia delante. Entonces debe separar y levantar lateralmente la pierna izquierda con un movimiento lento tanto como pueda sin tener que girar la cadera ▮. Cuando llegue al punto máximo, aguante unos instantes y vuelva a bajar la pierna sin apoyarla en el suelo.

> **Nivel 2:** Utilice una cinta o un Theraband para incrementar la intensidad. Ate los extremos para tener un anillo y colóquelo alrededor de los tobillos. Póngase derecho, con la espalda recta y el peso desplazado hacia la derecha. Eleve el pie derecho, flexionando los dedos y eleve la pierna lentamente hacia el lado ▮. Mire que la cadera se mantenga estable. Aguante unos instantes en el punto máximo y vuelva a bajar la pierna sin apoyarla en el sue-

1   20 a 25 rep. por lado

lo. Continúe con la siguiente repetición.

> **Nivel 3:** Para implicar también a la musculatura profunda y para intensificar el ejercicio, puede usar un balancín o una colchoneta enrollada.

2 | 20 a 25 rep. por lado

3 | 20 a 25 rep. por lado

Después de colocar el *theraband* o la cinta alrededor de los tobillos, póngase con el pie derecho sobre la colchoneta. Posición erguida, subir la tensión del cuerpo, elevar el pie izquierdo y flexionar los dedos de los pies. Una vez establecido el equilibrio, eleve más la pierna sin desplazar la cadera **3**. Aguante unos instantes y deshaga el movimiento sin llegar a apoyar el pie en el suelo. Enlace con la siguiente repetición.

Elevación del muslo

Para moldear la parte posterior del muslo y los glúteos

> Colóquese con la espalda pegada a la pared, deje caer los brazos libremente y ponga su columna vertebral plana contra la pared. Apoye la cabeza contra la pared y haga un paso hacia delante. El tronco se desliza entonces por la pared un poco hacia abajo ▮.

> **Nivel 1:** Cree una tensión en el tronco y flexione la rodilla hasta que el muslo esté paralelo al suelo. Las rodillas deberían situarse verticalmente por encima de los tobillos ▮. Aguante en esta posición durante 30 segundos y disuélvala lentamente.

> **Nivel 2:** Ponga los muslos en tensión y flexione las rodillas hasta encontrarse con los muslos paralelos al suelo. Traslade su peso lentamente a la pierna derecha y eleve un poco la rodilla izquierda ▮. Mantenga la posición durante 20 segundos, apoye entonces el pie izquierdo y empuje hacia arriba.

> **Nivel 3:** Baje el tronco hasta que el muslo esté paralelo al suelo. Pase el peso hacia la derecha y eleve la pierna izquierda. Estire la pierna hacia delante y flexione los dedos de los pies. Eleve la pierna hasta que los dos muslos estén paralelos ▮. Aguante durante 20 segundos.

INFORMACIÓN

LOS ESTIRAMIENTOS TE ADELGAZAN

> ¿Tiene la sensación de no caber en sus tejanos estrechos después del entrenamiento? ¡Que no cunda el pánico! El entrenamiento intensivo puede hacer llenar los músculos temporalmente con un exceso de sangre. Esto se soluciona por sí solo después de un stretching amplio y una fase de recuperación. Con los estiramientos ayudamos a la musculatura a ordenar de nuevo las fibras musculares que han quedado entrelazadas, el músculo se alarga con el estiramiento.

> Sobre todo las personas no entrenadas pueden encontrarse, a veces, con una acumulación de líquido en las piernas, después de una práctica intensa. Se trata de una reacción del cuerpo que acelera la puesta a punto de la musculatura y su regeneración. Las piernas volverán a su estado normal después de media jornada. Una visita a la sauna también puede resultar milagrosa. Con la estancia en la sauna se elimina rápidamente el exceso de líquido en el cuerpo.

> Desde luego, un efecto positivo del entrenamiento a largo plazo es que las piernas se vuelven más delgadas y atractivas.

2 repeticiones

2 repeticiones por lado

2 repeticiones por lado

1

2   35 a 40 rep. por lado

Patada hacia atrás

Fortalece la cara posterior del muslo y también entrena los glúteos

> Separe las piernas a una anchura claramente superior a la de los hombros. Controle la posición dejando caer los brazos. Los pies deben colocarse a una buena distancia más a la derecha y a la izquierda de ellos. Flexione las rodillas ligeramente; han de estar en línea vertical por encima de los tobillos. Las puntas de los pies y las rodillas se dirigen en diagonal hacia fuera. Enderece la espalda y mantenga la cabeza en prolongación de la columna vertebral. Desplace los omóplatos hacia atrás y abajo, apoye las manos en las caderas 1.

> **Nivel 1:** Desplace el peso hacia su pierna derecha y eleve el talón izquierdo hacia los glúteos, inclinando el tronco muy poco hacia delante y manteniendo estable la rodilla derecha. Fije el muslo izquierdo y no varíe la distancia entre las dos rodillas 2. Deshaga el movimiento, toque brevemente el suelo con la punta del pie izquierdo y siga con la siguiente repetición. Este ejercicio no se ha de hacer demasiado lentamente sino bastante continuado.

> **Nivel 2:** Haga servir una cinta o un *Theraband* para aumentar la intensidad. Anude la cinta de manera que

se forme un anillo. Colóquelo alrededor de los tobillos y adopte la posición inicial con las piernas muy separadas. Apoye las manos en los costados y desplace el peso hacia la pierna derecha. Flexione la rodilla izquierda y eleve el talón hacia los glúteos, sin mover el muslo **3**. Mantenga constante la distancia entre ambas rodillas durante todo el ejercicio. Vuelva a estirar las rodillas, toque brevemente con la punta del pie izquierdo el suelo y continúe con la siguiente repetición.

> **Nivel 3:** Colóquese con el pie derecho encima de una colchoneta enro-

llada o un balancín. Con ello entrenará también la musculatura estabilizadora del tronco e incrementará la intensidad del entrenamiento para la musculatura de las piernas. Separe bien las piernas con la cinta alrededor de los tobillos. Apoye las manos en la cintura, estire la espalda y tense ligeramente los abdominales. Desplace su peso hacia la derecha, incline el tronco un poco hacia delante y eleve el talón izquierdo hacia los glúteos. Mantenga el muslo quieto **4**. Vuelva a extender la rodilla izquierda y toque el suelo brevemente con el pie.

Equilibrio sobre una pierna

Moldea y entrena la cara anterior del muslo y potencia los flexores de la cadera

> Póngase de pie y junte las piernas. Ligera tensión en abdomen, espalda y fondo pélvico y columna vertebral enderezada. Brazos extendidos y pegados al cuerpo. Separe los dedos de los pies y distribuya el peso sobre tres puntos del pie: las articulaciones metatarsofalángicas de los dedos grande y pequeño, así como el talón. Traslade

entonces su peso sobre la pierna izquierda, ligeramente flexionada, partiendo desde una posición estable. Eleve la pierna derecha hasta llegar con el pie derecho a la altura de la rodilla izquierda. Las caderas se mantienen paralelas **1**.

> **Nivel 1:** Aumente la tensión abdominal. Extienda lentamente, desde la posición básica, la rodilla derecha hacia delante, sin bajar ni subir el muslo izquierdo. Flexione la punta del pie y mantenga la cadera estable. Tenga la espalda recta y no la incline hacia atrás, bajo ningún concepto **2**. Vuelva a flexionar la rodilla lentamente.

> **Nivel 2:** Extienda la pierna derecha hacia delante como en el nivel 1. Eleve la pierna todavía un poco más, todo lo que pueda sin flexionar la cadera **3**. Vuelva a bajar la pierna lentamente, sin flexionarla.

> **Nivel 3:** Vuelva a extender la pierna derecha hacia delante. Controle la tensión del cuerpo y flexione la rodilla izquierda (no debe sobrepasar el centro del pie). Eleve la pierna derecha un poco más. Mantenga la espalda recta e inclínela muy poco hacia delante cuando flexiona la rodilla **4**.

2 15 a 20 rep. por lado

15 a 20 rep. por lado

4 15 a 20 rep. por lado

Estire sus piernas bien largas

Los siguientes estiramientos son para después de cada práctica. Tienen la misma importancia que el entrenamiento en sí. De manera que tómese su tiempo y considere el *stretching* como un integrante efectivo de su sesión. Intente aguantar cada estiramiento de 30 a 60 segundos.

Piernas largas

Estira el tendón del cuadriceps, los gemelos y la cara posterior del muslo

> Siéntese en el suelo. Enderece la espalda y extienda las piernas. Flexione las puntas de los dedos de los pies y mantenga las piernas juntas. Con la espalda recta, flexione el tronco el máximo que pueda hacia delante, desde las caderas **1**.

Caderas elásticas

Estira la musculatura que flexiona la cadera y la cara anterior del muslo

> Realice, con la pierna izquierda, un gran paso hacia delante. Apoye las manos en el suelo a los lados del pie izquierdo, con la rodilla verticalmente por encima del tobillo. Extienda la pierna derecha y baje las caderas hacia el suelo **2**. Mantenga el estiramiento y cambie al otro lado.

1 30 a 60 segundos

2 30 a 60 seg. por lado

Muslos bien formados

Estira la musculatura anterior del muslo y los flexores de la cadera

> Está tumbada sobre la barriga y tiene las piernas juntas. Coloque la mano izquierda por debajo de la frente, coja con la mano derecha el tobillo y estírelo hacia los glúteos. Presione con la parte derecha de la cadera contra el suelo hasta notar la tensión en el muslo anterior derecho **3**. Cambie el lado.

Cara interna de los muslos lisos

Estira la musculatura de la cara interna y las caderas

> Siéntese con la espalda erguida y tense ligeramente la espalda. Junte las plantas de los pies y deje bajar las rodillas. Agarre los tobillos y junte los talones hacia el cuerpo **4**.

Muslos estilizados

Estira la cara posterior del muslo y los gemelos

> Túmbese sobre la espalda y empiece colocando las plantas de los pies planos sobre el suelo. Acerque entonces la pierna derecha agarrándola por el muslo y acabe estirándola hacia la cabeza. Cabeza y pelvis mantienen el contacto con el suelo. Extienda la pierna izquierda sobre el suelo. Flexione ambos tobillos **5**.

3   30 a 60 seg. por lado

4   30 a 60 segundos

5   30 a 60 seg. por lado

Nalgas firmes

Unas nalgas fuertes y entrenadas constituyen un verdadero atractivo y es más: son el punto principal de la silueta de la mujer. En cambio, unas nalgas no entrenadas no están nada firmes y por tanto presentan un aspecto plano y fláccido. Para evitarlo, podemos realizar una práctica regular y de moldeo para el trío muscular que interviene principalmente, compuesto por los glúteos mayor, medio y menor. El mayor de estos músculos, el glúteo mayor, tiene un origen amplio que va del sacro hasta el ilion y se inserta en el muslo

que también ocupa un área grande. Configura la mayor superficie de las nalgas. La parte media de la musculatura de las nalgas, el glúteo medio, parte de la cresta del ilion y llega hasta el muslo. Está en directo contacto con el fondo pélvico. Este músculo se sitúa visiblemente en la parte lateral de las nalgas. Puede parecer un cojín en la cadera si no se entrena o si se desarrolla demasiado. El más pequeño de los músculos de las nalgas, el glúteo menor, se esconde por debajo de los otros dos músculos y también está en contacto con el fondo pélvico. Si está bien entrenado puede tener el efecto de tensar el glúteo mayor y darle una forma más rellena. Un entrenamiento excesivo puede resaltar demasiado los glúteos; entonces se han de estirar sistemáticamente.

cintura y cadera siempre entrenando también la musculatura lateral y profunda del abdomen (a partir de pág. 50). Es un complemento perfecto para ejercitar las nalgas.

Moldear las nalgas

¿Conoce la grasa que suele acumularse en ambos lados de la cadera, por encima de las nalgas y que sobresale de los pantalones ajustados a la cintura? Puede deshacerse de ella. Debe combinar el entrenamiento de la resistencia con los siguientes ejercicios eficaces y los «michelines» desaparecen para siempre. Lo importante para ello es la activación de la musculatura del fondo pélvico; con su ayuda podrá contrarrestar eficazmente los indeseados pequeños hundimientos en nalgas y piernas y la barriga aparecerá más plana. La razón de ello radica en la acción del fondo pélvico que se parece a la de un *lifting* desde dentro. Una vez entrenado, estira de la barriga hacia dentro y también puede cambiar el aspecto de nalgas y muslos que parecerán claramente más tensos. Para ello siempre debe implicar el fondo pélvico conscientemente en su entrenamiento, tal como se describe en los siguientes ejercicios. Actúe contra los michelines en

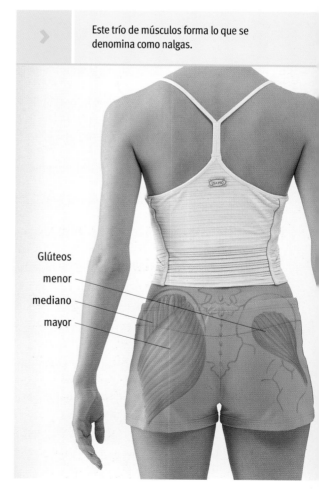

Este trío de músculos forma lo que se denomina como nalgas.

Glúteos
menor
mediano
mayor

89

Elevación de la cadera

Potencia los glúteos mayor y menor así como la cara posterior del muslo

> Túmbese sobre la espalda y ponga los pies planos sobre le suelo. Los pies están por debajo de la altura de las rodillas. El fondo pélvico permanece activado. Junte los huesos de las nalgas y suba el fondo pélvico hacia arriba. Baje el ombligo hacia dentro y arriba en dirección hacia las costillas. Los brazos al lado del cuerpo, la mirada hacia arriba y respiración profunda **1**.

> **Nivel 1:** Tense las nalgas durante la espiración, active los muslos y los abdominales y eleve la pelvis hasta formar una línea entre tronco y muslos. Los hombros siguen en contacto con el suelo. En el punto más alto, el ángulo entre muslos y pantorrillas debería ser de unos 45 grados **2**.

> **Nivel 2:** Deposite el tobillo izquierdo sobre la rodilla derecha y deje caer la rodilla izquierda hacia el lado. Equilibre la pelvis y mantenga ambas caderas en la misma altura. Tense las nalgas y empuje las caderas hacia arriba hasta formar una línea entre tron-

1　　　　　　　　　　　**2**　　25 a 30 veces

co y muslo derecho . Vuelva a bajar lentamente sin descansar y seguir con la siguiente repetición.

> **Nivel 3:** Junte pies y rodillas. Ponga las nalgas en tensión, active muslos y abdomen y eleve la pelvis hasta formar una línea entre muslos y tronco. Desplace entonces el peso hacia la izquierda y extienda la pierna derecha hacia delante en prolongación de las caderas. Mantenga la pierna extendida y vuelva a bajar la pelvis sin tocar del todo el suelo. Siga con la siguiente repetición.

NALGAS TENSAS
MEDIANTE PATADAS

Con el cardio-entrenamiento también puede acumular puntos a favor del entrenamiento de las nalgas. Al correr, por ejemplo, se implican considerablemente las piernas y las nalgas. Pero existen algunos deportes cardiovasculares que exigen aún más a sus glúteos como, por ejemplo, los deportes de kickboxing como el Tae Bo o el Kickpower. Si le gusta más la danza, pruebe con el step-aerobic. Encontrará estos cursos en gimnasios de fitness y también en clubes así como en ofertas de actividades municipales.

INFORMACIÓN

| **3** 25 a 30 veces por lado | **4** 25 a 30 veces por lado |

Elevación de la rodilla

Tensa todas las nalgas, entrena el muslo

> Póngase de pie. Active la tensión de la espalda y, más ligeramente, también el abdomen y el fondo pélvico. Efectúe con la pierna derecha un paso grande hacia delante. La rodilla derecha verticalmente por encima del centro del pie. Levante el talón izquierdo y desplace el peso sobre el pie derecho, separando los dedos de los pies y estabilizando la posición. Incline el tronco hacia delante y tense el muslo derecho. Mantenga la cabeza en prolongación de la columna vertebral, eleve los brazos y extiéndalos hacia delante y arriba al costado de las orejas. El pie izquierdo soporta ahora sólo un 15 por ciento del peso corporal **1**.

> **Nivel 1:** Desplace el peso aún más sobre la pierna derecha. Empuje con el pulpejo del pie izquierdo para separar el pie del suelo, lleve la pierna rápidamente junto a la pierna derecha, mantenga el tronco estable sin pasar el peso hacia la izquierda y lleve los brazos con fuerza para abajo hacia el cuerpo **2**. Vuelva a extender la pierna izquierda hacia atrás.

> **Nivel 2:** Desplace su peso más hacia la derecha, separe su pie izquierdo a través del pulpejo, lleve la rodilla hacia el tronco sin apoyarlo y baje los brazos al cuerpo **3**. Atrase de nuevo el pie izquierdo apoyándolo brevemente y siga con la próxima repetición. Más velocidad que en el nivel 1.

> **Nivel 3:** Realice el movimiento como en el nivel 2, pero con mayor intensidad, usando una colchoneta enrollada o un balancín. Colóquelo por debajo del pie derecho para entrenar también los estabilizadores del tronco y exigir más a las nalgas **4**.

ENTRENAMIENTO DEL EQUILIBRIO

Muchos ejercicios resultan más intensos si emplea una colchoneta o un balancín como superficie. Entonces, el cuerpo debe utilizar su coordinación fina en cada gesto y el movimiento más pequeño le obliga a supervisar y adaptar toda la tensión corporal. En ello se implican también los músculos más pequeños, los estabilizadores al lado de la columna vertebral. Además, la musculatura entrenada debe realizar un mayor esfuerzo y el efecto de entrenamiento es mayor. Como superficie de apoyo se presta una colchoneta de gimnasia enrollada o un balancín, que encontrará en tiendas especializadas.

2 15 a 20 veces por lado

15 a 20 veces por lado

4 15 a 20 veces por lado

1

2   25 a 30 veces

Sentadilla profunda

Moldea todas las nalgas, entrena glúteos y muslos

> Póngase de pie, active la tensión en todo su cuerpo y dirija la mirada hacia delante. Los pies paralelos y separados a la anchura de las rodillas ligeramente flexionadas. Lleve los omóplatos hacia atrás y abajo y presiónelos contra la espalda. Cierre las manos formando puños y lleve los codos hacia atrás pegados al cuerpo. Gire las palmas de las manos hacia arriba 1.

> **Nivel 1:** Aumente la tensión en abdomen y espalda, flexione las rodillas, incline el tronco ligeramente hacia delante y desplace las nalgas hacia atrás; mantenga la espalda recta. El peso se mantiene sobre los talones, las rodillas están por encima del centro del pie, como mucho. Avance paralelamente los brazos 2.

> **Nivel 2:** Desplace el peso hacia la derecha y levante el talón izquierdo. Aumente entonces la tensión corporal, manteniendo la espalda recta, flexione la rodilla izquierda y mueva las nalgas hacia atrás. Incline el tronco ligeramente hacia delante partiendo de las caderas. Mueva los brazos paralelamente hacia delante 3. Vuelva a la posición inicial.

> **Nivel 3:** Utilice una cinta o *Theraband* para aumentar la intensidad del

3   25 a 30 veces por lado

4   25 a 30 veces

ejercicio. Póngase con los pies encima de la cinta y coja un extremo con
cada mano. Estírelo hacia arriba pa-
sándolo por encima de los hombros.

Realice el ejercicio tal como se describe en el nivel 1. Las manos van pe-
gadas a los hombros durante todo el
ejercicio **4**.

MAYOR POTENCIA CON CARGAS

Puede incrementar bien la intensidad del entrenamiento utilizando mancuernas, barras de
pesas, cintas o el *Theraband*. Con ello hará que su entrenamiento resulte más intenso.
No tenga miedo de aumentar excesivamente sus músculos; las cargas son demasiado bajas
para ello. Sólo si se ha de limitar a cinco o seis repeticiones porque las cargas son
demasiado altas está realizando un entrenamiento de la fuerza máxima. El número de
repeticiones en las prácticas aquí propuestas es mucho más elevado y, por tanto, se trata
de un entrenamiento de la fuerza-resistencia (pág. 38). Con ello se aumenta la musculatura
muy poco pero le está dando, en combinación con el *stretching,* su forma correcta: alargada
y delgada.

SUGERENCIA

Elevación de las piernas desde tumbada

Moldea las nalgas

> Túmbese sobre la barriga. Mantenga las piernas juntas. Relaje cabeza y nuca y apoye su frente relajadamente sobre las manos. Tense ligeramente la musculatura de espalda y glúteos. Alargue la columna vertebral imaginándose que cabeza y cóccix estiran en direcciones opuestas.

> **Nivel 1:** Aumente la tensión en las nalgas. Flexione la rodilla izquierda hasta un ángulo de 90 grados entre muslo y pantorrilla. Aumente la tensión en la espalda para evitar un arqueo de la misma. Tenga la planta del pie izquierdo paralela al techo y eleve la rodilla mínimamente del suelo. Incremente la tensión de las nalgas y suba el talón lo máximo posible sin desplazarlo hacia fuera **1**. Vuelva a bajarlo pero no del todo.

> **Nivel 2:** Extienda la pierna izquierda, flexione las puntas de los dedos y eleve la pierna ligeramente. Tense más las nalgas y eleve la pierna al máximo, sin tener que efectuar movimientos compensatorios con la cadera. La rodilla no vuelve a tocar el suelo y una parte del muslo también se mantiene separada. Los dedos de los pies apuntan hacia el suelo durante todo el ejercicio.

> **Nivel 3:** Extienda ambas piernas, flexione los dedos de los pies y eleve las piernas mínimamente. Aumente la tensión en las nalgas, controle la espalda y eleve las piernas hasta que la rodilla y parte del muslo no toquen más el suelo. Ceda un poco a la tendencia natural de movimiento hacia fuera durante el ejercicio hasta llegar a una distancia entre los pies correspondiente a la anchura de las caderas. Mantenga la cintura estable y presiónela contra el suelo, los dedos de los pies se dirigen hacia el suelo durante todo el ejercicio **3**. Procure realizar los movimientos de forma lenta y uniforme. Debe tardar tanto en elevar las piernas como en bajarlas. Resulta óptimo contar hasta dos al espirar y elevar entonces las piernas y después de inspirar lo mismo: contar hasta dos y volver a bajar las piernas. No las vuelva a bajar del todo, pare un poco antes de llegar al suelo y siga con la próxima repetición.

Importante: Si al principio siente el ejercicio más en la parte baja de la espalda que en las nalgas es mejor realizarlo sobre un step, aumentando la fuerza muscular muy lentamente. Coloque entonces las caderas sobre el step y realice el ejercicio siguiendo las descripciones.

1   20 a 25 veces por lado

2   20 a 25 veces por lado

3   20 a 25 veces por lado

Elevación de las piernas en cuadrupedia

Potencia los glúteos mayor y menor

> Túmbese sobre la barriga y apoye los brazos a la anchura de los hombros, con las puntas de los dedos apuntando hacia delante. Mantenga los hombros en vertical encima de los codos y active la musculatura de los hombros. Mantenga la espalda recta a conciencia, la cabeza en prolongación de la columna vertebral. Apoye las puntas de los dedos de los pies, tense la musculatura de abdomen y espalda. Eleve entonces las rodillas del suelo hasta formar un plano entre tronco y piernas **1**.

> **Nivel 1:** Traslade el peso sobre la pierna derecha y tense las nalgas. Separe con cuidado el pie izquierdo del suelo, sin doblar la cadera hacia abajo. Empuje el talón izquierdo expresamente hacia abajo, extienda la pierna y flexione los dedos del pie. Siga elevando entonces la pierna izquierda aún más: los dedos apuntan hacia el suelo durante todo el ejercicio **2**. Vuelva a bajar la pierna lentamente sin llegar a tocar el suelo. Continuar con la siguiente repetición.

1   **2**   10 a 15 veces por lado

> **Nivel 2:** Coloque las muñecas en línea vertical por debajo de los hombros, tense fuertemente la musculatura del tronco y eleve las rodillas hasta formar un plano entre piernas y tronco. Tense las nalgas, desplace el peso hacia la derecha, separe el pie izquierdo del suelo y empuje con el talón hacia abajo. Mantenga la pierna extendida y elévela hasta donde le deja llegar la cadera ▣. Vuelva a bajar la pierna pero sin apoyarla y enlace con la siguiente repetición.

> **Nivel 3:** Utilice una cinta o un *Theraband* para aumentar la intensidad del ejercicio. Anude la cinta en los dos extremos de manera que tenga un lazo de la anchura de las caderas. Coloque el anillo alrededor de los tobillos y adopte la posición inicial, tal como se describe en el nivel 2. Tense bien las nalgas y separe el pie del suelo, con la pierna extendida. Eleve la pierna más arriba contra la resistencia de la cinta ▣. Deshaga el movimiento, baje la pierna hasta un poco antes del suelo y realice la siguiente repetición.

| **3** 10 a 15 veces por lado | **4** 10 a 15 veces por lado |

Elevación lateral desde el suelo

Moldea los glúteos medianos y la musculatura lateral del abdomen

> Siéntese en el suelo, deje bajar las rodillas hacia la derecha y apoye su tronco sobre el antebrazo derecho. Tense el cuerpo, active la musculatura de los hombros y empuje el tronco hacia arriba, desde los hombros. El codo está por debajo de la articulación del hombro. Abdomen y espalda en tensión, mantenga la cabeza en prolongación de la columna vertebral. Apoye la mano izquierda en la cadera **1**.

> **Nivel 1:** Aumente la tensión en glúteo mediano, muslos y tronco y eleve la cadera hasta formar una línea entre muslo y tronco **2**. Vuelva a bajar la cadera sin apoyarla. Mantenga la tensión en los hombros y continúe con la siguiente repetición.

Importante: Mire de tensar la musculatura de los hombros, creando una clara distancia entre axila y brazo cuando se eleva. De esta manera protege su articulación del hombro y su columna vertebral ante cargas erróneas y lesiones.

1

2   20 a 25 veces por lado

> **Nivel 2:** Desde la posición de sentado, aparte la rodilla derecha del eje corporal y extienda la pierna izquierda en prolongación del tronco. Tense tronco y nalgas y separe, a su vez, la pelvis del suelo, elevando y extendiendo también la pierna izquierda. Siga elevando la cadera y mantenga la pierna izquierda extendida **3**. Vuelva a bajar la cadera lentamente sin apoyarla. Continúe con la siguiente repetición.

> **Nivel 3:** Apóyese con la derecha y tense los hombros ligeramente. Extienda las piernas en prolongación del tronco, una por encima de la otra. Apoye la mano izquierda en la cintura. Aumente la tensión de la musculatura del tronco y eleve la pierna izquierda un poco hacia arriba. Separe entonces la cadera del suelo y llévela poco a poco, la pierna izquierda va manteniendo la misma distancia de la derecha **4**. Vuelva a bajar la cadera sin llegar a descansar sobre el suelo, la pierna izquierda sigue elevada. Siga con la próxima repetición.

3 20 a 25 veces por lado   **4** 20 a 25 veces por lado

Elevación lateral de la pierna en cuadrupedia

Entrena el glúteo mediano

> Póngase en posición cuadrúpeda. Las muñecas en línea vertical por debajo de las articulaciones de los hombros, las rodillas apoyadas verticalmente por debajo de las caderas. Los dedos de las manos apuntan hacia delante. Abdomen, fondo pélvico y espalda ligeramente tensados y cabeza en prolongación con la columna vertebral.

> **Nivel 1:** Desplace el peso hacia su pierna derecha. Tense más el abdomen y el fondo pélvico y estabilice la espalda. Eleve un poco la rodilla izquierda lateralmente hasta perder el contacto con el suelo. Mantenga el ángulo recto de la rodilla, flexione las puntas de los dedos de los pies y eleve la pierna lateralmente hasta donde pueda sin inclinar la cadera **1**. Vuelva a bajar la pierna hasta tocar casi el suelo y continúe con la siguiente repetición.

> **Nivel 2:** Vuelva a desplazar el peso hacia la derecha, partiendo desde la posición cuadrúpeda, y eleve la pierna izquierda lateralmente hasta separarla del suelo. Fije el muslo izquierdo y extienda la pierna. Separe el pie un poco del suelo y encoja los dedos de los pies. Fije la espalda, tense más el abdomen y eleve la pierna izquierda con las fuerza de los glúteos, hasta el punto máximo, sin tener que girar la cadera **2**. Baje la pierna de forma controlada, pare un poco antes de llegar al suelo y vuelva con la siguiente repetición.

> **Nivel 3:** Traslade de nuevo el peso a la derecha. Eleve la rodilla izquierda y extienda la pierna hacia el lado. Tense más el abdomen, active los hombros y eleve la rodilla derecha. Suba ahora la pierna izquierda hasta que se separe el pie del suelo. Encoja los dedos del pie. Siga elevando la pierna izquierda hasta donde lo permita la cadera **3**. Vuelva a bajarla manteniendo la rodilla derecha levantada. Vaya a la siguiente repetición antes de llegar al suelo con el pie izquierdo.

25 a 30 veces por lado

25 a 30 veces por lado

25 a 30 veces por lado

Stretching para las nalgas

Las nalgas han de ser redondas pero no demasiado grandes y ésta es la razón por la que no debería olvidar los ejercicios de estiramiento de los glúteos después de cada entrenamiento. Con ello evitará un acortamiento y, por tanto, un aumento de la musculatura de las nalgas. Con los siguientes movimientos podrá fijar los músculos en los lugares adecuados, compensar excesos y mejorar efectivamente su postura. Aguante cada estiramiento durante 30 segundos en cada lado, como mínimo.

Stretch de equilibrio

> Póngase de pie y active su abdomen. Flexione ligeramente las rodillas. Ponga el tobillo derecho sobre la rodilla izquierda, inclinando el tronco un poco hacia delante, a partir de la cadera. La rodilla derecha se deja caer hacia fuera. Coja la rodilla derecha con la mano derecha y el tobillo o el talón derecho con la mano izquierda y flexione más la rodilla. La mano derecha ayuda en el estiramiento **1**.

Stretch tumbada

> Túmbese sobre la espalda y ponga los pies planos sobre el suelo. Coloque el tobillo izquierdo sobre la rodilla derecha y deje bajar la rodilla hacia fuera. Agárrese, con ambas manos, en el muslo derecho y acerque la rodilla derecha hacia el cuerpo. Nalgas y cabeza mantienen el contacto con el suelo **2**.

1   30 seg. por lado   **2**   30 segundos por lado

Stretch sentada

> Siéntese con la espalda recta. Separe las rodillas hasta la anchura de los hombros, flexiónelas y déjelas caer hacia la derecha. El ángulo entre el muslo derecho y la pantorrilla debería ser de unos 90 grados. Incline el tronco extendido sobre la pantorrilla derecha **3**.

Stretch con giro

> Siéntese con la espalda recta y extienda las piernas. Active el fondo pélvico, el abdomen y la espalda. Coloque el pie derecho en el lado externo de la rodilla izquierda. Extienda el brazo izquierdo hacia arriba y enderece el tronco de nuevo. Gire entonces el tronco hacia la derecha y ponga el brazo izquierdo sobre la parte externa de la rodilla derecha. Apoye la mano derecha por detrás del cuerpo. Aumente suavemente el estiramiento presionando con el brazo izquierdo y estirando con el derecho **4**.

Stretch en forma de paquete

> Siéntese sobre sus pantorrillas. Mantenga las piernas juntas e incline el tronco. Apoye la frente en el suelo y extienda los brazos por los costados, a lo largo del cuerpo. Encójase todo lo que pueda y disfrute del estiramiento **5**.

3 30 a 60 seg. por lado

4 30 a 60 segundos

5 30 a 60 seg. por lado

105

Programas
compactos

¿Desea tener instrucciones concretas de qué

ejercicios debería hacer?

¿Planes de entrenamiento individuales para

conseguir una forma equilibrada? ¡Aquí los tiene!

Le ofrecemos un entrenamiento adicional para

el tronco que mejorará, en seguida,

sus proporciones, y un programa especial

contra la celulitis para deshacerse de las

indeseadas depresiones.

Un programa para cada zona del cuerpo

A esta altura usted ya sabe mucho sobre el entrenamiento de las zonas problemáticas. En las siguientes páginas le haremos saber cómo diseñar su entrenamiento de forma óptima, paso a paso, día tras día, durante todo un mes. Con tres planes de entrenamiento para barriga, piernas y glúteos le indicamos exactamente cuándo debe hacer qué ejercicios y en qué día toca entrenamiento cardiovascular. Además añadimos dos programas de regalo: con el plan de potenciación del tronco (a partir de la pág. 109) podrá equilibrar sus proporciones; con ejercicios específicos potenciará y moldeará hombros, brazos, espalda y pecho; los *stretchings* mejorarán su postura y estirarán su figura. Con el plan anticelulítico (a partir de la pág. 118) podrá atacar las de-

presiones indeseadas y alisar las estructuras de piernas y nalgas.

Programa para proporciones armónicas

¿Tiene tendencia a un mayor desarrollo de sus nalgas y de su cintura con un tronco que, en cambio, aparece estrecho? Póngase a realizar el siguiente plan de entrenamiento para equilibrar las proporciones. Si lo hace en combinación con una alimentación sana podrá obtener formas más equilibradas en cuatro semanas.

Día 1: **Cardio-entrenamiento** más tres *stretchings,* a su gusto, del programa para las piernas (págs. 86-87).

Día 2: Entrenamiento del tronco, compuesto por un calentamiento (a partir de la pág. 45) y los siguientes ejercicios de ésta y de las dos siguientes páginas.

Día 3: Cardio-entrenamiento más tres *stretchings,* a su gusto, del programa para las nalgas (págs. 104-105).

Día 4: Entrenamiento del abdomen, compuesto por cuatro ejercicios, a su gusto, del programa para la barriga (a partir de pág. la 48) más *stretchings* (págs. 66-67).

Día 5: Cardio-entrenamiento más ***stretchings*** del programa para las piernas (págs. 86-87).

Día 6: Entrenamiento del tronco, compuesto por un calentamiento (a partir de la pág. 45) y los siguientes ejercicios de ésta y de las dos siguientes páginas.

Día 7: Descanso.

Repita el programa de entrenamiento durante las próximas tres semanas e intente aumentar el nivel de los ejercicios de manera que, durante la cuarta semana, pueda realizar los ejercicios para piernas y nalgas en el nivel 3.

Ejercicios de potenciación para el tronco

Si la parte inferior de su cuerpo parece demasiado fuerte comparada con el tronco, podrá equilibrarla con este plan de ejercicios. Aquí entrenará brazos, hombros y espalda sin aumentar la masa muscular.

Empuje con la espalda

> Póngase de pie sobre una cinta elástica o *Theraband.* Separe los pies a la anchura de la cadera y flexione las rodillas ligeramente. Agarre los extremos de la cinta con las manos y crúcela por delante de las piernas. Mantenga el tronco recto e inclínelo hacia delante, partiendo desde las caderas. Deje caer los brazos y flexione un poco los codos, las palmas de las manos están encaradas. Suba los brazos lentamente hacia ambos lados y vuelva a bajarlos también lentamente 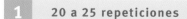.

1 **20 a 25 repeticiones**

Fuerza pectoral

Estira los senos

> Póngase de pie. Levante los codos hasta la altura de los hombros, flexione los antebrazos con un ángulo de 90 grados y júntelos por delante del cuerpo. Una las palmas de las manos, con las puntas de los dedos dirigidas hacia arriba y los hombros bajos. Presione ambos codos entre sí, aumente la tensión en la musculatura pectoral y suba los brazos hasta donde pueda. Vuelva a bajarlos .

Golpe de hombro

Moldea los hombros

> Póngase de pie y coja las pesas con las manos. Flexione un poco las piernas. Deje caer los brazos por delante del cuerpo y ténselos un poco. Los dorsos de las manos apuntan hacia delante, los codos permanecen ligeramente flexionados. Eleve entonces los brazos hacia delante y arriba hasta la altura de los hombros manteniendo el tronco estable. Vuelva a bajarlos **2**.

2 25 a 30 repeticiones

2 25 a 30 repeticiones

Extensión del codo

Tensa el tríceps

> Póngase de pie y agarre una o dos mancuernas con la mano derecha. Extienda el brazo derecho hacia arriba y fije el codo con la mano izquierda. Deje bajar entonces la mano derecha hacia atrás entre los omóplatos. Vuelva a subirla **3**.

Stretch del tronco

Estira la musculatura pectoral y los hombros, moldea el tronco

> Póngase en posición cuadrúpeda. Coloque las manos lejos hacia delante y desplace las nalgas hacia atrás. Mire hacia el suelo y presione con los hombros hacia abajo hasta notar una agradable tensión en la zona entre pecho y hombros **4**.

Relajación de la nuca

Estira la nuca

> Póngase de pie y deje caer los brazos al lado del cuerpo. Flexione la cabeza suavemente hacia la derecha y ponga la mano derecha encima de la cabeza como peso, pero sin estirar. Puede intensificar el estiramiento empujando con el brazo izquierdo en dirección opuesta **5**. Cambie de lado.

3   25 a 30 rep. por lado

4   30 segundos

5   30 segundos por lado

Plan de entrenamiento para la barriga

Para conseguir rápidamente una barriga plana, debe realizar el siguiente programa durante un total de cuatro semanas.

Día 1: Cardio-entrenamiento en función del nivel de entrenamiento.

Día 2: Entrenamiento para la barriga, compuesto por **calentamiento** (a partir de la pág. 45) y los **ejercicios:**
1 Abdominales básicos (pág. 56)
2 Flexiones laterales del tronco (pág. 50)
3 Abdominales en cuadrupedia (pág. 62)
4 Balancín para abdominales (pág. 54)
A continuación, tres estiramientos a su gusto del programa para abdominales (págs. 66-67).

Día 3: Cardio-entrenamiento.

Día 4: Descanso.

Día 5: Entrenamiento para la barriga, compuesto por **calentamiento** (a partir de la pág. 45) y los **ejercicios:**
5 Flexiones de piernas (pág. 52)
6 Abdominales inferiores (pág. 58)
7 Ejercicios en el suelo desde posición lateral (pág. 64)
4 Balancín para abdominales (pág. 54)
A continuación, tres **estiramientos** a su gusto del programa para abdominales (págs. 66-67).

Día 6: Descanso.

Día 7: Entrenamiento para la barriga, compuesto por **calentamiento** (a partir de la pág. 45) y los **ejercicios:**
4 Balancín para abdominales (pág. 54)
8 Flexiones en diagonal (pág. 60)
1 Abdominales básicos (pág. 56)
2 Flexiones laterales del tronco (pág. 50)
A continuación, tres **estiramientos** del programa para abdominales (págs. 66-67).

Día 8: Descanso.

Día 9: Entrenamiento para la barriga, compuesto por **calentamiento** (a partir de la pág. 45) y los **ejercicios:**
3 Abdominales en cuadrupedia (pág. 62)
4 Balancín para abdominales (pág. 54)
8 Flexiones en diagonal (pág. 60)
6 Abdominales inferiores (pág. 58)

Día 10: Cardio-entrenamiento.

Repita entonces los días 1 a 10 realizando los ejercicios en el siguiente nivel más alto, si es posible. Después debería practicar en el máximo nivel posible los ejercicios de los días 1-8.

1 30 a 40 repeticiones

2 12 a 15 rep. por lado

3 3 repeticiones

4 3 repeticiones

5 15 a 20 repeticiones

6 15 a 20 repeticiones

7 2 repeticiones por lado

8 30 a 40 rep. por lado

Plan de entrenamiento para las piernas

Si desea poner sus piernas rápidamente en forma, este programa le ayudará a conseguirlo.

Día 1: Entrenamiento para las piernas, compuesto por **calentamiento** (a partir de la pág. 45) y los **ejercicios:**
1 Tijeras con manos en cadera (pág. 70)
2 Aductores (pág. 76)
3 Patada hacia atrás (pág. 82)
4 Equilibrio sobre una pierna (pág. 84)
A continuación, tres estiramientos del programa para piernas (págs. 86-87).

Día 2: Cardio-entrenamiento en función del nivel de entrenamiento.

Día 3: Entrenamiento para las piernas, compuesto por **calentamiento** (a partir de la pág. 45) y los **ejercicios:**
8 Separación de la pierna (pág. 72)
2 Aductores (pág. 76)
5 Elevación del muslo (pág. 80)
6 Elevación de talones (pág. 74)
A continuación, tres **estiramientos** del programa para piernas (págs. 86-87).

Día 4: Cardio-entrenamiento.

Día 5: Descanso.

Día 6: Entrenamiento para las piernas, compuesto por **calentamiento** (a partir de la pág. 45) y los **ejercicios:**
4 Sentadilla sobre una pierna (pág. 84)
7 Abductores (pág. 78)
1 Tijera con manos en cadera (pág. 70)
5 Elevación del muslo (pág. 80)
A continuación, tres **estiramientos** del programa para piernas (págs. 86-87).

Día 7: Cardio-entrenamiento.

Día 8: Descanso.

Día 9: Entrenamiento para las piernas, compuesto por **calentamiento** (a partir de la pág. 45) y los **ejercicios:**
2 Aductores (pág. 76)
6 Elevación de talones (pág. 74)
1 Tijera con manos en cadera (pág. 70)
4 Equilibrio sobre una pierna (pág. 84)
A continuación, tres **estiramientos** del programa para piernas (págs. 86-87).

Día 10: Cardio-entrenamiento.

Repita entonces los días 1 a 10 realizando los ejercicios en el siguiente nivel más alto, si es posible. Después debería practicar en el máximo nivel posible los ejercicios de los días 1-8.

1 20 a 25 rep. por lado

2 25 a 30 rep. por lado

3 35 a 40 rep. por lado

4 15 a 20 rep. por lado

5 2 repeticiones

6 20 a 25 rep. por lado

7 20 rep. por lado

8 25 a 30 rep. por lado

Plan de entrenamiento para los glúteos

Con este programa hará un *lifting* de las nalgas en tiempo récord.

Día 1: **Entrenamiento para los glúteos,** compuesto por **calentamiento** (a partir de la pág. 45) y los **ejercicios:**
1 Elevación de la cadera (pág. 90)
2 (pág. 94)
3 Elevación de la rodilla (pág. 92)
4 Elevación lateral (pág. 100)
A continuación, tres **estiramientos** del programa para glúteos (págs. 104-105).

Día 2: **Cardio-entrenamiento** en función del nivel de entrenamiento.

Día 3: **Entrenamiento para los glúteos,** compuesto por **calentamiento** (a partir de la pág. 45) y los **ejercicios:**
4 Elevación lateral desde el suelo (pág. 100)
5 Elevación de las piernas desde tumbada (pág. 96)
6 Elevación de las piernas en cuadrupedia (pág. 98)
7 Elevación lateral de la pierna en cuadrupedia (pág. 102)
A continuación, tres **estiramientos** del programa para glúteos (págs. 104-105).

Día 4: **Cardio-entrenamiento.**

Día 5: **Descanso.**

Día 6: **Entrenamiento para los glúteos,** compuesto por **calentamiento** (a partir de la pág. 45) y los **ejercicios:**
3 Elevación de la rodilla (pág. 92)
7 Elevación lateral de la pierna en cuadrupedia (pág. 102)
1 Elevación de la cadera (pág. 90)
2 Sentadilla profunda (pág. 94)
A continuación, tres **estiramientos** del programa para glúteos (págs. 104-105).

Día 7: **Cardio-entrenamiento.**

Día 8: **Descanso.**

Día 9: **Entrenamiento para los glúteos,** compuesto por **calentamiento** (a partir de la pág. 45) y los **ejercicios:**
5 Elevación de las piernas desde tumbada (pág. 96)
4 Elevación lateral desde el suelo (pág. 100)
7 Elevación lateral de la pierna en cuadrupedia (pág. 102)
3 Elevación de la rodilla (pág. 92)
A continuación, tres **estiramientos** del programa para glúteos (págs. 104-105).

Día 10: **Cardio-entrenamiento.**

Repita entonces los días 1 a 10 realizando los ejercicios en el siguiente nivel más alto, si es posible. Después debería practicar en el máximo nivel posible los ejercicios de los días 1-8.

1 25 a 30 repeticiones

2 25 a 30 repeticiones

3 15 a 20 rep. por lado

4 20 a 25 repeticiones por lado

5 20 a 25 repeticiones por lado

6 10 a 15 repeticiones por lado

7 25 a 30 repeticiones por lado

Entrenamiento anticelulítico

Aquí encontrará un eficaz programa de ejercicios para combatir esas antiestéticas acumulaciones de grasa en piernas y trasero –y un par de consejos muy eficaces para alisar los pliegues–. Este entrenamiento deberá durar unas cuatro semanas.

Día 1: Calentamiento (a partir de la pág. 45) y, a continuación, los siguientes ejercicios del **programa para piernas:**
1 Tijera con manos en cadera (pág. 70)
2 Abductores (pág. 78)
3 Equilibrio sobre una pierna (pág. 84)
4 Aductores (pág. 76)
No se olvide de los **estiramientos** (págs. 86-87).

Día 2: Cardio-entrenamiento en función del nivel de entrenamiento.

Día 3: Calentamiento (a partir de la pág. 45) y, a continuación, los siguientes ejercicios del **programa para glúteos:**
7 Elevación de la cadera (pág. 90)
8 Elevación de las piernas (pág. 96)
5 Sentadilla profunda (pág. 94)
9 Elevación de la pierna (pág. 102)
A continuación, **estiramientos en cuadrupedia** (págs. 104-105).

Día 4: Cardio-entrenamiento.
A continuación, del **programa para glúteos,** el ejercicio:
6 Elevación de la rodilla (pág. 92)
Estiramientos (págs. 104-105).

Día 5: Calentamiento (a partir de la pág. 45) y, a continuación, los siguientes ejercicios del **programa para piernas:**
1 Tijera con manos en cadera (pág. 70)
3 Equilibrio sobre una pierna (pág. 84)
Añada los siguientes ejercicios del **programa para la barriga**:
10 Flexiones laterales del tronco (pág. 50)
11 Flexiones de piernas (pág. 52)
A continuación, **estiramientos** (págs. 66-67).

Día 6: Cuídese y mímese.

Día 7: Cardio-entrenamiento.
A continuación, del **programa para glúteos,** el ejercicio:
9 Elevación de la pierna en cuadrupedia (pág. 102)
Estiramientos (págs. 104-105).

Repita el programa de entrenamiento durante tres semanas y debe intentar ir subiendo el nivel de los ejercicios para llegar al nivel 3 en la cuarta semana.

1	20 rep. por lado
2	20 a 25 rep. por lado
3	15 a 20 rep. por lado

4	25 rep. por lado
5	25 a 30 rep. por lado
6	15 a 20 rep. por lado

7	20 a 25 rep.
8	20 a 25 rep. por lado
9	25 a 30 rep. por lado

| 10 | 12 a 15 repeticiones por lado |
| 11 | 15 a 20 repeticiones |

PRIMEROS AUXILIOS ANTE LA CELULITIS

Una sinopsis de los consejos más recientes acerca de la celulitis:

HIPOXI-ENTRENAMIENTO

Se coloca con la parte inferior de su cuerpo en un hipoxi-entrenador, una especie de cámara en el que se encuentra un ergómetro. Entonces pedalea durante 50 minutos con una baja presión de 40 milibares, en la cámara, que activa la irrigación sanguínea. Las células de grasa se agitan y de esta manera, se activa el sistema linfático.
Información en: **www.hypoxi.com**

BAÑOS EN UN MEDIO BÁSICO

Los ácidos en los elementos producen, en la opinión de algunos expertos, fibras que se depositan en el cuerpo.
Añadir minerales a un baño con un pH de 8,5 neutraliza los ácidos y se dice que evitan la celulitis.
Información en: **www.meine-base.de** o **www.vit-gesund.de**

ALGAS

Se dice que las algas activan el metabolismo de las grasas gracias a un cóctel entre minerales, vitaminas y aminoácidos. Estas plantas marinas verdes puede aplicarse vía oral y externamente. Para tratamientos más intensos también se pueden realizar talasoterapias.
Información en: **www.thalassoplus.de** o
www.apsaravital.com/productos/talasoterapia

TERAPIA DEL VACÍO

Con campanas de succión de vidrio de diferentes tamaños se mejora la irrigación sanguínea en determinados sitios. Con ello se estimula el metabolismo, las paredes de las células grasas se vuelven más permeables y la grasa se degrada. En muchos salones de cosmética se realizan estos tratamientos.

COMPRESAS DE HIELO

Si, además de la celulitis, tiene tendencia a las varices puede probar las compresas de hielo. Además de extractos de algas y sal marina, contienen también mentol refrescante y alcanfor. Las compresas se colocan en las piernas y se han de dejar durante un cuarto de hora. El choque de frío ha de activar la quema de grasas y eliminar líquidos. Información en: **www.sole.ch**

MASAJE DE ONDAS DESLIZANTES

Metida en un pantalón futurista recibe una aplicación de masajes linfáticos. El pantalón tiene compartimentos hinchables que se llenan y se vacían rítmicamente de aire a presión. De esta manera se irriga y vacía el tejido. Información en: **www.high-care.de**

RESUMEN
de lo más importante

Entrenar en concordancia con el rendimiento

No debe exigirse a sí misma ni demasiado ni demasiado poco. Compruebe siempre, después de unas semanas, si puede pasar a la siguiente fase probando los ejercicios del siguiente nivel superior. Pero cuidado: ¡pare cuando vea que no puede mantener la posición perfectamente!

LOS ESTIRAMIENTOS LE ADELGAZAN

El *stretching* regular no sólo le protege de lesiones sino que también le dará un aspecto más alto y delgado, y le hará caminar de forma más enderezada. ¡Además le dará un aire de elegancia! Recuerde pues para los días de cada día: eche los hombros hacia atrás, mantenga la cabeza alta, active la tensión abdominal...

ENTRENAMIENTO DE LA FUERZA CON SISTEMA

El cardio-entrenamiento tiene la misma importancia para el entrenamiento de barriga, piernas y glúteos que los ejercicios musculares en sí. Por eso no los debe minusvalorar de ninguna manera. Con el entrenamiento de la resistencia obliga a su cuerpo a iniciar el metabolismo de las grasas y la quema de calorías. Un cambio de figura sólo es posible con una combinación óptima de los entrenamientos de resistencia y de la musculatura. Quedará sorprendida de lo bien que funciona todo esto. ¡En pocas semanas se alegrará de los primeros resultados!

Citas con el ego

Su entrenamiento es importante porque su cuerpo es importante para usted y porque quiere hacer algo a favor de su salud y su figura. Esto debería tener para usted el mismo valor, como mínimo, que una reunión de negocios o una hora con la familia. Ganará con el ímpetu y el buen humor que le acompañará el resto del día, después de la práctica.

Ponerse lentamente en marcha

Es imprescindible calentar antes de cada sesión práctica. ¿Acaso pondría un coche en seguida a cien en pleno invierno? También sus músculos prefieren ser llevados lentamente al entrenamiento. De esta manera evitará lesiones y mejorará la coordinación de sus movimientos. También es útil realizar los ejercicios lo mejor posible. Su entrenamiento será con ello más eficiente.

NÚMEROS ROJOS EN LA CUENTA DE CALORÍAS

...son decisivos para el factor «quitagrasa» de su entrenamiento. Debe comer lo suficiente, o sea 1.500 calorías diarias como mínimo, y equilibre bien su alimentación. En la dieta han de constar a menudo las verduras y frutas frescas, productos de cereales integrales y aceites vegetales de alta calidad. El azúcar, la harina blanca y las grasas animales, la menor cantidad posible.

Links de internet que pueden resultarle útiles

www.ninawinkler.de
Página de la autora. Aquí encontrará información sobre cursos y demostraciones. Podrá contratar su entrenamiento personal.

www.shape.de
Las últimas tendencias en fitness e interesantes noticias sobre el tema. Zonas problemáticas.

www.personal-traine-network.de
Entrenadores de toda Alemania. Le ayudarán a mejorar sus técnicas.

www.hypoxi.com
Asesoramiento contra la celulitis.

www.dimos-k.de
Página de los expertos y monitores del método Dimos.

www.educationinmove.com
Todo sobre entrenamiento y perfeccionamiento de fitness en Suiza y Austria.

www.thera-band.de
Página comercial del fabricante de estos accesorios.

www.elixis.de
Le ayudará a encontrar un estudio de fitness cerca de su casa.

www.moretomoveon.de
Todo sobre grupos de fitness en Alemania.

Índice alfabético

Índice de ejercicios

¡IMPORTANTE!

Todos los consejos y ejercicios que se proponen en este libro han sido exhaustivamente comprobados por los autores. Son adecuados para personas con una forma física normal. Sin embargo, la responsabilidad de seguir estos consejos, y hasta qué punto, es exclusivamente suya. Ante cualquier duda, consulte a su médico o terapeuta. Ni los autores ni la editorial pueden tener ninguna responsabilidad por posibles daños o efectos secundarios derivados de poner en práctica las sugerencias e instrucciones de este libro.

Asesor Técnico: **Santos Berrocal**

Título de la edición original: **Bauch, Beine, Po intensiv**

Es propiedad, 2005
© **Gräfe und Unzer Verlag GmbH, Munich**

© de la edición en castellano, 2010:
Editorial Hispano Europea, S. A.
Primer de Maig, 21 - Pol. Ind. Gran Via Sud
08908 L'Hospitalet - Barcelona, España.
E-mail: hispanoeuropea@hispanoeuropea.com

© de la traducción: **Wolfgang Simon**

Depósito Legal: B. 39632-2010

ISBN: 978-84-255-1693-1

Quinta edición

Fotos: Portada 1, págs. 24, 35, 122 (T. Roch); contraportada izq., pág. 15 (A. Hoernisch); págs. 1, 3 dcha., 6, 8, 44 (J. Rickers); págs. 2 izq., 13, 22, 42 (M. Weber); págs. 10, 17 (N. Olonetzky); pág. 20 (M. Jahreiß); pág. 123 abajo (E. Geneletti); pág. 30 (Jump); pág. 4 (Zefa).

Ilustraciones: Págs. 39, 49, 69, 89, Luitgard Kellner; págs. 18, 19, 27, Detlef Seidensticker.

Gracias por el apoyo en la realización de las fotografías:
> USA PRO
> Sport Scheck, Munich

Consulte nuestra web:
www.hispanoeuropea.com

IMPRESO EN ESPAÑA   PRINTED IN SPAIN
LIMPERGRAF, S. L. - Mogoda, 29-31 (Pol. Ind. Can Salvatella) - 08210 Barberà del Vallès